Karadag Oktober 13

Martin Chalmers | Esther Kinsky

Karadag Oktober 13

Aufzeichnungen von der kalten Krim

Matthes & Seitz Berlin

It is undone business
I speak of, this morning,
with the sea
stretching out
from my feet

Charles Olson, Maximus, to himself

Das Wenige verschwindet leicht dem Blick,
Der vorwärts sieht, wie viel noch übrig bleibt

Goethe, Iphigenie auf Tauris

1

Im Oktober sah ich zum ersten Mal das Schwarze Meer. Nach der Ankunft in tiefer Nacht wachte ich in unserem Zimmer im obersten Stock der Pension in Kurortne auf, und das Erste, was ich sah, war das Meer. Trotz des Sturms, der an den Fensterläden riss und durch die Schnörkelgitter der Balkone pfiff, lag das Wasser ganz still da, ohne erkennbare Brandung. Es war dunkelgrau unter einem hellgrauen Himmel, und die von keinem Schiffsumriss unterbrochene Horizontlinie schien von Ost nach West zu kippen. Diesen Eindruck des kippenden Meers wurde ich während der Tage an diesem Küstenstreifen der östlichen Krim nicht los. Wir standen am Fenster und ich versuchte, M. von der leichten Neigung zu überzeugen. Er sah es nicht, wollte es nicht sehen, fand es nicht wichtig. Irgendwann sagte er: Vielleicht.

Wenn ich nachts aufwachte, versuchte ich in Gedanken der Erscheinung auf den Grund zu gehen, aber es gelang mir nicht.

Aus Kiew waren wir mit dem Flugzeug auf die Krim gekommen. Ein Flug durch die frühe Dunkelheit, jede Orientierung war unterwandert.

Bei der Abfertigung der Inlandsflüge, in einem alten, oberflächlich aufgeputzten Gebäude, war es glücklicherweise anders zugegangen als in der internationalen Halle, wo militärisch ausgestattete Wärter, die Gesichter bitter vom Gewicht der Mützenschirme, die Schlangen der Passagiere dirigierten und kontrollierten.

Im ersten Stock drängelte man sich unordentlich vor der einzigen Sicherheitsschleuse, das Bodenpersonal bestand aus ein paar wuchtigen Weibern. Möglicherweise war Tamara Press das Pin-up-Idol ihrer Jugendjahre gewesen, ihr Autogramm in der elterlichen Zweizimmerwohnung hinter den Jungmädchenspiegel geklemmt, auf die Innenseite der Schranktür geheftet. Es gingen Flüge nach Donezk, Dnepropetrowsk, Charkiw, Odessa, Simferopol, ferne Namen, aus Büchern bekannt, aus Filmen, von Boris Mikhailovs dämmrigen Fotostreifen.

Eine vielköpfige Familie – die Eltern in ausladenden Trainingsjacken, deren Aufdruck sie als Vertreter einer *evangelical mission* auswies – strebte zu dem Flug nach Donezk, die übergewichtigen Kinder mit grellbunten Rucksäcken und Jesuslovesyou-Baseballkappen wurden von den Eltern in einem Gemisch aus Russisch und Amerikanisch zur Eile angetrieben. Nach Jahren drängten sich in dieser heruntergekommenen Abflughalle wieder all die Ähnlichkeiten auf, die ich früher zwischen der Sowjetunion und den Vereinigten Staaten festgestellt hatte: die Trostlosigkeit und Verwahrlosung öffentlichen Raums, die Grobheit der Angestellten, die Fettleibigkeit der Passagiere, die Vorliebe für ausgebeulte Sportkleidung oder gülden glitzernde Kitschaufmachung, die Selbstverständlichkeit, mit der man überallhin flog, anstatt mit der Eisenbahn zu fahren.

Ich wusste über Simferopol wenig mehr, als dass diese Stadt mit dem griechisch klingenden Namen die Hauptstadt der Krim war. Meine Reisevorbereitungen hatten im Wiederlesen von Texten bestanden, die ich mit der Gegend verband – Tschechow, Puschkin, Zwetajewa, Mandelstam und Mickiewicz –, und im Auffrischen bruchstückiger Kenntnisse der Antike. Das Tauris aus einem Lieblingsdrama der Schulzeit war identisch mit der Krim, erinnerte ich mich. Doch ich hatte keine Vorstellung, was mich an einem Ort an der östlichen Schwarzmeerküste erwartete, der zu klein war, um auf unserer Karte der Ukraine verzeichnet zu sein. Ein Reisebegleitbuch war Laurence Oliphants »The Russian Shores of the Black Sea«, von M. zufällig in einem Antiquariat entdeckt. Doch im Flugzeug kam ich nicht zum Lesen, es war bis auf den letzten Platz besetzt, eine unruhige Passagierschar, die den Anweisungen zum Trotz und der Turbulenzen ungeachtet unablässig mit Mobiltelefonen beschäftigt war oder in den Gepäckfächern kramte. Meine Nachbarin führte ein langes Gespräch mit ihrer Mutter, die in Jalta im Krankenhaus lag, und gab Zwischenberichte auf Italienisch an den auf der anderen Seite des Gangs sitzenden Vater. Die bettlägerige Mutter schrie so laut ins Telefon, dass ich unweigerlich zur Mitwisserin der Krankengeschichte wurde: ein plötzliches Gallenleiden, das der eine Arzt so, der andere anders bewertete, ein rätselhafter Notfall, der sich umso schlimmer präsentierte, als es in Jalta niemanden gab, der ihr ein ordentliches Abendessen bringen konnte. »Halt durch bis Mitternacht!«, rief ihr die Tochter gut zehntausend Meter über dem beginnenden Dneprdelta zu. »Um Mitternacht bin ich bei dir!«

Es war finster und eiskalt in Simferopol. Sturmböen trieben Graupelregen zwischen den Trägern der überdachten Betonfläche hindurch, wo die Passagiere die Ankunft ihrer Koffer aus dem Flugzeugbauch erwarteten. Vor einem grellen Plakat, das ein strahlendweißes Schwalbennest-Schlösschen an dunklen Felsen über einem türkisblauen Meer zeigte, drängte sich eine verfroren sächselnde Rentnergruppe, die der Ferienwoche auf der Krim entgegenbibberte, vielleicht ein Traum aus alten Tagen, an denen man sich Märchenhaftes über Funktionärsurlaube am Schwarzmeerstrand zugeraunt haben mochte.

Auf einem weiteren grellen Plakat wurden Ferienapartments beworben, Luxuswohnungen für Kleinfamilien, die vor Glück und Sonne schwerelos waren und über der Landschaft schwebten, lächelnd darauf warteten, dass sich der Apartmentblock um sie schließen würde wie eine bergende göttliche Hand. Ich dachte an die Romane junger Autoren, die ich vor Jahren aus Interesse an den beschriebenen Orten überflogen hatte, die Jugenderinnerung an den Schwarzmeerurlaub war ein festes Requisit. Nach mehrtägigen Autoreisen mit Mutter und Vater erreichten die Helden die erträumte südliche Küste, um sich zwei Wochen lang auf betonierten Promenaden zwischen Fressbuden und Kiosken herumzutreiben, während die Eltern inmitten der Menschenmassen am Strand im Stehen sonnenbadeten, das ondulierte Haar und den Glatzkopf mit geschickt gefalteten Hütchen aus Prawdaseiten geschützt. Es waren Berichte von Punksommern, wie sie polnische Autoren an kühleren Stränden der Ostsee und serbische Autoren an den Sandstränden der Adria verbracht hatten. Beschreibungen von Teenagerausschweifungen im Schatten verirrter Betonbrocken, wo die Erzähler in verlockend schlechter Gesellschaft Drogen und Alkohol konsumierten und erst frühmorgens ins Selbstversorger-Familienzimmer krochen, wenn Mutter und Vater zum Stehstrand aufbrachen.

M. fror. Verdrossen, hungrig. Kleingesichtig vor Anstrengung, am Kofferband gelassen zu bleiben. Gelassen genug, um mitzubekommen, was vor sich ging. Neben uns warteten drei Frauen, die gegen die durchdringende Kälte rauchten und die Arme umeinander gelegt hatten. Sie verfluchten den saumseligen Flughafenbetrieb und tauschten Wetterprognosen aus. Der kälteste Oktoberanfang seit Menschengedenken auf der Krim, dem strahlenden Sehnsuchtsort am Schwarzmeer, der das Dichten und Denken in den Breiten der Weißen Nächte erwärmte, der in unvordenklichen Vergangenheiten wurzelnden Halbinsel, ohne die der junge, kalte, herbe und geschichtskarge Norden ein barbarisches Stümpfchen wäre.

Als wir endlich in das Taxi stiegen, das man geschickt hatte, uns abzuholen, war es Nacht. Auf dem Parkplatz spiegelten sich die spärlichen Lichter in riesigen Pfützen, in denen etliche Autos halb versunken standen. Es regnete immer noch, der Wind schlug in schmächtige Pappel- oder Weidenbäume am Rand des Parkplatzes, nassbleiches Herbstlaub klebte an den Autofenstern. Der Taxifahrer war ein junger Mann in Lederjacke, in der feuchten Luft umlagerte ihn eine Wolke von schweißunterfüttertem Zigarettengeruch. Er war höflich, verbat mir aber in herrscherischem Tonfall die Einmischung in den Streit, der sich zwischen ihm und der Parkwächterin entspann. Die Frau in ihrem neonbeleuchteten Kiosk nahm die Parkgebühren entgegen und bediente die Schranke. Die Quittung, auf der unser Taxifahrer bestand, wollte sie nicht ausstellen, er rührte sich nicht vom Fleck. Es war ein seltsamer Streit, der nur im hartnäckigen Wiederholen der immer gleichen Sätze ausgetragen wurde. »Ich möchte eine Quittung.« – »Bitte fahren Sie.« – »Ich möchte eine Quittung.« – »Bitte fahren Sie. Warum fahren Sie nicht?« – »Ich möchte eine Quittung.« Sie erhoben nicht die Stimmen, änderten nicht den Tonfall, die Pausen zwischen den Wortwechseln wurden größer. Die aufgerichtete Schranke zitterte in dem heftigen Wind. Hinter uns wurde gehupt, die Wartenden brüllten Verwünschungen. M. blickte aus dem Fenster, über das die Regentropfen rannen, und schwieg, fragte auch nicht, um was sich der Wortwechsel drehte. Hoffte bloß, dass er nicht in ein Handgemenge übergehen würde. Schließlich warf die Parkwächterin einen bekritzelten Zettel durchs Fenster, mit dem sich der Fahrer zufriedengab.

Die Fahrt ging durch ausgestorbene Straßen. Die Neonreklamen an Tankstellen und orientalisch aufgemachten Restaurants, die sich tatarischer Köstlichkeiten rühmten, spiegelten sich auf der unebenen nassen Fahrbahn. Ab und zu ließ sich der Schatten eines Minaretts ausmachen. Draußen vor der Stadt herrschte nicht das tiefe Dunkel, das man erwartet hätte. Im Licht von

Straßenlaternen, unzähligen Tankstellen und gelegentlichen Ortschaften konnten wir einzelne windgebeutelte Weiden- und Akazienbäume erkennen, die sich jetzt im Sturm duckten und ihr Laub ließen, das die nasse Straße bedeckte, dazwischen Streifen struppig-fahler Nadelbäume. Der Regen hatte nachgelassen, doch stellenweise war die unebene Fahrbahn von großen Pfützen bedeckt. Einmal erschien es mir von weitem, als stünde ein Tier mitten auf der Straße, eine weißliche Riesenkatze, zu meinem Entsetzen hielt der Fahrer mit unverminderter Geschwindigkeit darauf zu, erst in dem Moment, als ich schreckensstarr den Aufprall erwartete, erkannte ich, dass es sich um die seltsam gebrochene Spiegelung eines Wegweisers handelte. *Feodossija*, stand auf dem Schild, soundsoviel Kilometer, *Kertsch* soundsoviel. Die Abstände zwischen den erleuchteten Ortschaften und Ballungen von Geschäften und Tankstellen wurden größer. Immer mehr Dunkelheit wuchs hinter den Bäumen empor, die die Scheinwerfer des Taxis streiften.

Es war kaum jemand unterwegs auf der Straße von Simferopol in den Osten der Krim. Die vielen Tankstellen abseits jeder Ortschaft ließen sich bei dem spärlichen Verkehr nicht erklären.

Wir versuchten beide, im Dunkel zwischen den Bäumen längs der Straße einen Hinweis auf das Meer zu entdecken. Flüsterten darüber, obwohl der Taxifahrer uns ja gar nicht verstehen konnte. Was hätte es auch zu verstehen gegeben bei unserer Ausschau nach dem Meer? Ich las M. die Namen vor, die ich auf den gelegentlichen Ortsschildern entziffern konnte. M. zählte die Tankstellen.

Hier und dort schaukelten Lichter in der Ferne, die unbefestigten Wege, die von der Straße abzweigten, verloren sich zwischen unterschiedlich dunklen Wülsten, in denen ich Dünen erkennen wollte. Selten waren wir so ohne jeden Anhaltspunkt, ohne jede vorher zurechtgelegte Orientierung gereist. Hinter Staryj Krym wurde die Straßenbeleuchtung spärlicher. Zu beiden

Seiten der Straße ließ sich nichts in der Finsternis ahnen, nicht einmal Bäume neigten sich unterm Wind in die Lichtkegel des Autos, als dehnte sich dort eine riesige Leere aus. Wir passierten eine Abzweigung nach Sudak, Potemkins Stadt aus echtem Stein und Mörtel, wo der Krymskoje Igristoje zur Welt kam, das unerlässliche klebrig-schaumige Zubehör russischer Feierlichkeiten früherer Jahre, ich konnte mir den Namen kaum anders denken als in der Schnörkelschrift auf den Sektflaschen und, inmitten dieser Herbstnacht, die Stadt selbst kaum anders als in den Farben sowjetischer Kodacolorimitate. Wenig später bogen wir nach rechts ab, auf einem Schild entzifferte ich den Namen *Koktebel*.

»Koktebel«, sagte ich zu M., er nickte, wir konnten uns beide mit der Erinnerung an den Film gleichen Namens an diesen Lauten festhalten, während das Taxi über schmälere, kurvenreiche, tankstellenfreie und sehr dunkle Straßen rumpelte und endlich Kurortne erreichte.

Ich habe immer damit gerechnet, das Schwarze Meer zum ersten Mal in Istanbul zu sehen. Oder vom Donaudelta kommend. Oder Odessa. Nun ist es die Krim. Ein Teil der Krim, den ich nie so richtig zur Kenntnis genommen habe. Vom Karadag habe ich noch nie gehört. Hätte ich den Namen gelesen, hätte ich wahrscheinlich an die Türkei gedacht.

Die Krim ist für mich immer mit Krimkrieg identisch gewesen, ein Ort aus dem Geschichtsunterricht. *The Crimean War*. Unterrichtsstoff, verewigt in Straßennamen.

Im Frühjahr stieß ich in einem kleinen Laden mit gebrauchten Büchern in der Coldharbour Lane in Brixton auf ein Buch: Laurence Oliphant, »The Russian Shores of the Black Sea«. Ein wiederaufgelegter Reiseklassiker. Oliphant bereiste Russland 1852. Ich kaufte das Buch, nicht ahnend, dass wir diese Reise machen würden. Ich hatte nur die vage Hoffnung auf eine Begegnung mit dem Schwarzen Meer, irgendwann, nach dem gescheiterten Plan einer Reise nach Georgien. Damals hatte uns Batumi vorgeschwebt, eine Fahrt im Bus an der türkischen Schwarzmeerküste entlang, mit Station in Trabzon. »The Towers of Trebizond«. Das war einer der Romane in der Bibliothek meiner Mutter, ein Titel, der mir aus irgendwelchen Gründen Eindruck gemacht hatte. Noch mehr Eindruck allerdings machte mir vor Jahren ein türkischer Taxifahrer in Berlin, der uns auf einer Fahrt zum Flughafen von seiner Haselnussplantage bei Trabzon erzählte. Als wir am Flughafen ankamen, zog er Fotos aus der Brieftasche, wie man das früher machte: Fotos von seinem Vater vor dem Bauernhaus, von Hängen, bedeckt mit Haselnusssträuchern, blaues Schwarzmeer im Hintergrund. Die Fotos waren abgegriffen und eselsohrig vom vielen Betrachten und Zeigen und Erzählen.

Ich blätterte ab und zu in Oliphants Buch, interessiert an der Erwähnung der Ortsnamen, die mich als Schüler begleitet hatten. Ein guter Teil der Gegend, die Oliphant damals bereiste, wurde kurz nach Erscheinen seines Buches – sehr bald nach seiner Reise – Teil eines Mythos, mit dem ich aufwuchs. Oliphant reiste durch eine Gegend und in einer Zeit, die im Handumdrehen *prewar* wurde – Vorkriegszeit. Sein Buch war ein großer Erfolg, vielgelesen, vielerwähnt. War es der Kitzel der Kriegserwartung, der ihm die Lesermenge bescherte, oder war es Neugier auf eine fremde Gegend? Reisebücher gelten als etwas so Britisches. Doch bei den Deutschen gibt es auch einiges: Seume. Goethes »Italienische Reise«. Und Peter Simon Pallas, der zwar auf Russisch schrieb, doch Berliner war, und dessen Bücher auf Deutsch so begehrt waren, dass sie Ende des 18. Jahrhunderts in verschiedenen Ausgaben für die verschiedenen Lesererwartungen erschienen. Und bei den Franzosen gab es Custine.

Noch ohne das Buch gelesen zu haben, stelle ich mir die Frage, ob Oliphant als Spion unterwegs gewesen war. Was hatte ein Brite auf der Krim verloren, im Jahre 1852?

Was habe ich hier verloren, im Oktober 2013?

Als wir in Kiew landen, bin ich in Gedanken noch bei der Fahrt zum Flughafen Tegel. Wir waren durch Moabit gekommen, dann, von Osten auf den Flughafen zu, längs einem ausgedehnten Streifen *terrain vague* an halbfertigen Gebäuden, Lagerschuppen, langen Reihen geparkter Last- und Lieferwagen vorbei, am Kanal entlang, der sehr dunkel aussah, als hätte das Wasser hier eine andere Farbe als im Landwehrkanal. Im Geist machte ich mir Notizen für zukünftige Stadtgänge. Darüber muss ich vergessen haben, meine Uhr auf Ortszeit zu stellen.

Der Flughafen in Kiew überrascht mich mit seiner Riesigkeit, das Wetter draußen mit seiner grauen Kälte. Ein Bus bringt uns von dem protzigen Gebäude des Internationalen Terminals vorbei an Baustellen und leeren, blitzneuen Stahl- und Glasgebäuden zur Abflughalle für Inlandsflüge. Außer uns scheinen nur Geschäftsleute im Flughafenbus zu sein. Neben uns stehen drei Deutsche, die sich so wie die anderen Geschäftsleute an ihren Laptoptaschen festhalten. Sie wollen sich gegenseitig mit ihren Fachsimpeleien über Flughäfen beeindrucken. Überall sind sie schon gewesen. Auf allen Flughäfen!

Im Flughafenrestaurant werden wir nicht beachtet. Der Betrieb erinnert noch an alte Ostzeiten. Unfreundliche Bedienung, undurchsichtige Prioritäten. Vierergruppen an den Tischen, je zwei bullige Typen, zwei aufgetakelte Frauen. Überall in Osteuropa diese Zusammenstellung, wie Packungen. An den Tischen dieser Packungen werden große Speisen serviert. Die Kellnerin, die schließlich kommt, ist ungehalten oder ratlos, weil wir nichts Großes essen wollen. Klein ist nur der Apfelstrudel. Dann laufen wir davon, bevor unsere Bestellung gebracht wird, wir sehen, dass der Flug nach Simferopol schon aufgerufen ist. Es ist eine Stunde später als auf meiner Uhr.

Vor dem engen Durchgang der Sicherheitskontrolle steht eine lange Schlange. Ein muslimisches Paar vor uns muss die Pässe zeigen, wir nicht. Sie wirken nicht tatarisch. Die Frau ist sehr blass, rundes Gesicht. Sie trägt ein kleines Kind auf dem Arm. Ihr Mann nimmt es ihr ab, als sie umständlich den Pass hervorzieht.

In Simferopol, eine Stunde später, 5 Grad, es fühlt sich kälter an, eisig. Es ist dunkel, regnet und stürmt. Das halbe Flugzeug war von zwei Reisegruppen aus Ostdeutschland eingenommen. Sie sind wohl in Erwartung eines »Goldenen Oktobers« angereist. Ein verspäteter Sommerurlaub. Die Gepäckausgabe befindet sich am Rand einer Betonfläche, die eine Betondecke auf Pfeilern vor Regen schützt. Nur auf einer Seite befindet sich eine Außenwand. Der Wind weht den Regen auf die Fläche, wo sich die verfrorenen Reisenden drängen, und auf das Gepäckband, das sich nicht rührt, so sehr auch alle darauf starren. Auf kleinen Wagen werden Koffer transportiert, aus dem Dunkel kommend, in dem die gelandeten Flugzeuge stehen. Die Wagen mit den Koffern verschwinden im Regen hinter dem einen Stück Außenwand. Kleinbusse fahren vorbei, darin sitzen Männer in Anzügen, auch sie verschwinden in dieselbe Richtung wie die Kofferwagen. Eine Schar frierender sächsischer Rentner drängt sich um eine Frau, die Deutsch mit russischem Akzent spricht. Offenbar eine Art Reiseleiterin. Die Rentner stellen Fragen wie Schulkinder. Ihnen ist kalt, sie haben Hunger. Gleich geht es weiter nach Jalta. Sobald die Koffer da sind. Wie heißt noch das berühmte da? »Schwalbennest«, sagt die Reiseleiterin.

Schließlich werden Koffer auf dem Band abgeladen. Ein Teil ist offenbar wegen des Regens beim Ausladen in Plastikfolie gehüllt worden, der andere Teil ist durchnässt. Die Leute reißen an den Folien, unter denen die Koffer nicht zu erkennen sind. Großes Hallo bei den Sachsen, Lachen, Rufen. Das ist meiner!

Durch einen kleinen unüberdachten Korridor ziehen wir unser Gepäck auf den Parkplatz. Kurze Verwunderung, dass es keine Passkontrolle gibt, ich vergesse, dass wir ja innerhalb des Landes geflogen sind. Vom fremden Kiew ins fremde Simferopol, alles in der fremden Ukraine. Am Ausgang des Korridors drängen sich Taxifahrer mit Schildern. Ein junger Mann wartet auf uns. Er ist weder freundlich noch unfreundlich. Zieht den größeren Koffer durch Pfützen hinter sich her. Der holprige Weg durch die regengefüllten Schlaglöcher führt an einem großen, erleuchteten modernen Bau vorbei: Simferopol International Airport. Wir waren also – wie in

Kiew – in der schäbigen Abteilung. Woher kommen die internationalen Flüge? Vor allem aus Russland und aus der Türkei. Später erfahren wir, dass es früher einen Direktflug Berlin – Simferopol gab. Wahrscheinlich ein Relikt, das noch ein, zwei Jahrzehnte die Zeiten überlebte, als ein Urlaub auf der Krim zu begehrten Privilegien zählte und man in Jena von Jalta träumte.

Der Fahrer fährt gut, aber zu schnell. Zuerst geht es über eine breite Straße durch Stadtrandgebiet, dann tauchen wir ein in die nächtliche Krim bei strömendem Regen. Wasser steht auf den Straßen. Es gibt wenig zu sehen außer Tankstellen, gelegentlich streunenden Hunden.

Wir kommen durch eine größere Stadt. »Staryj Krym«, liest E. auf dem Schild. Ich habe Mühe, mir den Ort auf der Landkarte vorzustellen. Alt Krim. Eski Krim. Die erste Hauptstadt unter den Mongolen, die der ganzen Halbinsel ihren Namen gaben. Oder kommt der Name von den Kimmerern? Kurz habe ich das Koordinatensystem im Kopf verloren, mit dem ich mich orientieren kann. Namen, Jahreszahlen, Himmelsrichtungen, Ortsnamen, Flüsse. Wo kann das Meer sein? Wie probeweise, doch leicht (und leichtfertig) deutet man die wenigen vorbeieilenden Umrisse und Lichter als Zeichen – die Büsche am Straßenrand als Dünengras, ein Licht in der Ferne als Schiff. Die Straße wird holpriger. Voller Schlaglöcher, in denen das Wasser steht und hochspritzt, wenn das Auto hindurchfährt. Entlang der Straße neonerleuchtete Cafés und Lokale im Orientlook, ab und zu ein Verkaufsstand, trotz des Wetters noch geöffnet. Endlich, nach fast zwei Stunden Fahrt durch wogendes Dunkel in Kurortnoje. Und eine Mahlzeit.

Als die Krim 1781 an Russland abgetreten wurde, befand man die alte Hauptstadt Bachtschyssaraj für unwürdig, ihre Rolle in der neuen Provinz zu behalten, und eine heitere moderne Stadt, auf der Ebene am Fluss Salgir gelegen, wurde geplant, mit einem alten griechischen Namen geadelt und nach wahrhaft russischem Geschmack erbaut: mit sehr breiten Straßen und sehr weißen Häusern, die mit sehr grüner Farbe verziert waren. Wenn die Bevölkerung nur aus Russen bestünde, wäre das Innere der Stadt ähnlich wie in Kazan oder Saratow sehr weit von den Erwartungen entfernt, die das äußere Erscheinungsbild wecken soll, doch zum Glück hieß Simferopol einst Achmetschet, »die weiße Moschee«, und die Bewohner von Achmetschet sind der Stadt ihrer Vorfahren treu geblieben und bringen einen Reiz in die kalte Eintönigkeit der neuen Hauptstadt, die ohne sie überhaupt keines Interesses würdig wäre.

Achmetschet war einst die zweitgrößte Stadt der Krim und hatte als Residenzstadt des Kalga Sultans oder Vize-Khans mit etlichen Palästen, Moscheen und öffentlichen Bädern große Bedeutung. Jetzt hat man die orientalische Pracht früherer Tage gegen den billigen Glanz der moskowitischen Barbaren eingetauscht.

Rund fünftausend Tataren bewohnen derzeit ein Viertel der Stadt und in ihre Straßen lenkten wir unsere Schritte, geführt von einem kundigen deutschen Uhrmacher, der während unseres Aufenthalts in Simferopol mit großer Freundlichkeit als Cicerone fungierte und seine Pflichten als Ladenbesitzer vernachlässigte, um uns, den »vornehmen« Fremden, Ehre zu erweisen.

Die von Tataren bewohnten Gassen bestehen ganz und gar aus glatten Mauern und wären deshalb die ödesten Orte, die man sich vorstellen kann, wären da nicht die Menschen, die sich auf diesen Gassen bewegen. Die Häuser sind nur einstöckig, und jedes liegt von seinem eigenen Hof umschlossen. Die Pergamentfenster sind so tief gelegt, dass man sie von der Straße aus kaum sieht, und somit haben die armen Bewohnerinnen nicht den für die Damen im Orient sonst üblichen Zeitvertreib: Kein schwarzes Auge lugt zwischen den Streben der Fensterläden auf den Passanten hinab, der unten auf der Straße spaziert. Die Tatarenfrauen von Achmetschet jedoch versäumen in ihrer Abgeschiedenheit nicht viel. Das Leben und Treiben in den Gassen ist nicht im entferntesten so rege wie etwa in einer Stadt wie Kairo. Ladengeschäfte sind rar, sie werden von hässlichen unverschleierten Frauen geführt. Die Schönheiten spazieren verhüllt umher, bis auf die Augen sind sie verborgen unter dem Feredje, der ihnen bis unters Knie reicht. Ohne die bunten Röcke darunter und die weiten Hosen, die auf zierlich-winzige gelbe Schuhe fallen, sähen sie aus wie wandelnde Leinenbündel. Einige Männer tragen den Turban und die fließenden Gewänder waschechter Orientalen und ihre Aufmachung ist stets äußerst pittoresk, doch es gibt so viele verschiedene Trachten, dass sie sich kaum beschreiben lassen.

Bald wurden wir es müde, zwischen hohen, glatten Wänden eingezwängt durch dieses Labyrinth enger Sträßlein zu spazieren, und entschieden uns für einen Szenenwechsel. Kurz darauf gelangten wir zu der beliebten Promenade, wo im kühlen Lustgarten eine Kapelle für die elegante Welt spielte, die sich hier gerne trifft, um abseits von Hitze und Staub der Stadt am Ufer des Salgir zu wandeln.

Der gegenwärtige Gouverneur namens Pestal steht dem Vernehmen nach beim Zaren in hoher Gunst. Er residiert in einem ansehnlichen, elegant wirkenden Haus. Ein Stück außerhalb der Stadt liegen große Kasernen, doch allein das Lazarett wird ständig genutzt, die restlichen Gebäude sind nur gelegentlich von Truppen auf Durchreise zwischen Russland und dem Kaukasus belegt. Es gibt ganze zwei Hotels in Simferopol, in unserem haben wir sogar pro Person ein Leintuch bekommen, doch natürlich keine Waschgelegenheit. Unsere Fenster gingen auf die Hauptstraße und erwiesen sich stets als sehr gute Aussichtspunkte. Manchmal rumpelte die schwere Kutsche einer Adelsfamilie in die Stadt, voll mit Gepäck und Proviant für einen Monat: Nach dem Sommer auf ihrem Landsitz auf der Krim machte sich die Familie nun auf den Weg, um für den Winter nach St. Petersburg zurückzukehren. Gelegentlich ruckelte auch ein bescheidenes Gefährt voll mit armenischen Händlern vorbei, ähnlich dem, in dem wir angereist waren. Reisende hatten die Beine zwischen den Vorhängen hinausgestreckt, und an dem Geruch nach türkischem Tabak, der bei ihrer Durchfahrt die Straße erfüllte, erkannte man sie als Armenier. Oder eine Reihe von Kamelkarren zog gemächlich vorüber und machte allenthalben Halt, die Kutscher plauderten mit Freunden und die Kamele betteten sich gemächlich. Auch lange Erfahrung hatte die Kamele offenbar nicht gelehrt, dass sich das kaum lohnte, weil sie bald nach der mühevollen Prozedur des Sich-Hinlegens sich doch gleich wieder würden erheben müssen. Ich kannte nur die Kamele und Dromedare aus weiter im Orient liegenden Ländern und der Anblick dieser Baktrischen Kamele war etwas ganz Neues für mich. Die beiden Höcker sind oft so groß, dass sie sich nicht selbst aufrecht halten können, heruntersacken und an der Flanke des Tieres herabhängen. Nacken und Beine der Tiere sind mit langem Haar bedeckt, aus dem die Tatarenfrauen weiche Wollstoffe weben.

In krassem Gegensatz zu diesen einzelnen Karren standen die flinken kleinen Droschken, die unentwegt umherflitzten. So klein und leicht sie auch sind, alle hiesigen Droschken sind Zweispänner und die Pferde sind in der Regel sehr gut. Wegen der heißen Sonne sind die meisten der Pferde mit einer Art Haube versehen, wodurch selbst ein unansehnliches kleines Sankt-Petersburger Gefährt in Simferopol zu einem geradezu vornehmen Fahrzeug geadelt wird. Neben unserem Hotel befand sich eine recht schöne Synagoge, in der offensichtlich ständig Schulbetrieb war. Simferopol hat rund vierzehntausend Einwohner, von denen ein verhältnismäßig großer Teil diesem Glauben anhängt.

Zu unserem Glück fand während unseres Aufenthalts der traditionell in der ersten Oktoberwoche abgehaltene Jahrmarkt statt, ein Anlass, zu dem sich hier – sehr zum Vergnügen eines jeden Reisenden – eine große Vielfalt der Trachten und alle typischen Erscheinungen der Krim versammeln. Um diesen Jahrmarkt wirklich schätzen zu können, sollte man zuvor den von Nischnij Nowgorod besucht haben. Den Jahrmarkt von Simferopol fanden wir unendlich beeindruckender, was allerdings auch daran liegen mochte, dass wir ihn gleichsam zufällig fanden, als wir eines Nachmittags nichtsahnend auf den Marktplatz stießen.

Selten sieht man zwei Rassen, die in Gepflogenheiten, Tracht, Brauchtum und Ursprung so verschieden voneinander sind wie die Russen und die Tataren, tagtäglich so nahen Umgang miteinander pflegen wie auf der tatarischen Krim. Dieses Miteinander ist umso interessanter, als es sehr unwahrscheinlich ist, dass sich der gegenwärtige unnatürliche Zustand des Zusammenlebens noch lange halten wird.

2

Ein knappes Dutzend Pferde unterschiedlicher Größe, Dicke, Farbe streunte am Morgen durch die sich zwischen Roh- und Neubauten verengende Gasse, an der die Pension lag. Ungehütet, ungeleitet, ganz sich selbst überlassen spazierten sie das abschüssige Sträßchen hinunter bis zur leeren Hauptstraße, zupften rechts und links am trockenen Laub der über Gartenmauern hängenden Büsche und ließen Pferdeäpfel fallen. Am Ende der Gasse bogen sie nach links, eine halbe Stunde später sah ich sie auf dem Kamm einer kleinen Erhebung nahe am Meer grasen.

Kurortne wirkte verlassen. Der frühe Herbsteinbruch hatte angeblich letzte Sommergäste zum überstürzten Aufbruch veranlasst, der Wind riss und zerrte an den knatternden Planen auf verwaisten Baustellen, aber vertrieb auch die Wolken um die felsigen Berge im Südwesten, hinter denen wir das Sonnental vermuteten, wo im 19. Jahrhundert – unter Beihilfe einiger mit süßen Versprechungen angelockter Weinbauern aus Deutschland – der russische Weinbau begann. Nach Osten lag, jetzt von einer zögernden Sonne befingert, das Karadag-Massiv, ein dunkler, großer, von Scharten durchzogener Fels mit einer Krone von Spitzen, die wie schiefe, am falschen Ort gesprossene Zähne auf dem Kamm saßen. Bis zu dem Felsen erstreckte sich welliges Land, das zum Meer hin steil abfiel, mit einzelnen Baumbüscheln bestanden, karg und kahl, stellenweise mit Wermut und bläulichgrauem grasigem Kraut bedeckt, Boten der Steppe, die im Rücken des die Küste beschirmenden Bergriegels lag. An den höher gelegenen Felsen leuchteten hellrote Kriechranken und gelblichgrüne Flechten. Die Tönung der Landschaft wechselte stark mit Licht und Wetter, wie sich in den nächsten Tagen zeigte, mal wirkte die Erde bräunlich lila, die Felsen düstergelb, mal schien alles fast durchsichtig in rauchigen Blau- und Grautönen. Bis auf das herbstgrelle Rot der Ranken und einzelner Büsche waren die Farben jedoch immer matt, gedämpft, nie strahlend, eine Landschaft der Kargheit. Die Gasse, an der die Pension lag, verlor sich bergauf zwischen halb bebauten, mit Abfall übersäten Grundstücken. Baumaterialien lagen verrostet und verklumpt, unfertige Konstruktionen waren eingestürzt, in Ausschachtungen hatte man Müll abgeladen. Hier und da am Hang hielten sich improvisierte Buden mühsam aufrecht, zurechtgezimmert und -gezurrt mit Brettern, Stangen, Gurten und Rohren, die nach einer Mischung aus Überbleibseln ramponierter Gebäude und entwendetem Baustellenmaterial aussahen. In einer solchen Bude lebte eine alte humpelnde Frau mit kupferrot gefärbtem Haar, die wir an diesem und den folgenden Tagen dabei beobachteten, wie sie die unzähligen Streunerhunde mit Abfällen fütterte. Wir standen auf dem schmalen Balkon, beugten uns abwechselnd seitlich über das Geländer, um sie besser im Blick zu haben, und berichteten einander, was wir sahen.

Streunerhunde waren auf dem ganzen Abhang zu sehen, den wir vom Balkon aus überblicken konnten. Sie schmiegten sich in Senken im Gelände, lagen in den Resten der Rohbauten, drückten sich unter kleine Auswüchse der Buden. Sobald die alte Frau erschien, verwandelten sich auch dunkle Flecken, die ich zwischen schütterem Gras und Erde auf den ersten Blick für Steine oder Verworfenes gehalten hatte, in Hunde, die zur Fütterung trotteten. An diesem ersten Morgen quälte sich unter schrecklichem Geheul und Gewinsel ein gelblicher Hühnerhund mit anscheinend bewegungsunfähigem Hinterteil den Hang hinauf und blieb neben den leergefressenen Tellern der Futterstelle liegen.

In mehreren Buden erschienen Gesichter an Tür- und Fensteröffnungen, neugierig auf den Grund für den Lärm. Die Humpelfrau kam herbeigeeilt und baute dem kranken Tier im Handumdrehen einen Verschlag aus Holzpflöcken, Planenfetzen und Lumpen. In den so unerwartet kalten Nächten übernachteten die Streunerhunde wohl rudelweise dort, in dem Verschlag des kranken Tiers. Morgens sahen wir einen nach dem anderen unter den Tüchern herauskriechen. Das kranke Tier erkannte ich nicht darunter, doch die alte Frau mit dem metallisch rot leuchtenden Haar besuchte jeden Tag den Verschlag, brachte ein Gefäß hinein und kam nach einiger Zeit mit leeren Händen wieder heraus. Die Hunde, die in dem Verschlag keinen Platz mehr fanden, schlichen sich nach abendlichem Knurren und verdrossenem Gekläff davon, morgens krochen sie aus Mulden und Erdlöchern zwischen den Abfallhaufen und streckten die vom Frost angefassten Glieder, beschnüffelten die Kameraden, die aus anderen Verstecken kamen, belauerten die Futterstelle, nagten an den leergefressenen Plastiktellern, die dort noch vom Vortag standen, balgten sich so lahm, als hätten sie sich zu einer langweiligen Darbietung verabredet, sie mussten ihre Kräfte schonen, die Kälte war früh gekommen.

Die Pension wurde von einer großen Familie aus Kiew geführt, die hier die Saison verbrachte und für den Winter in die ferne Hauptstadt zurückkehrte. Man sprach nur Russisch. Den Ton gab eine kleine, runde blonde Frau an, die stets lachte und viel redete. Die restliche Familie – große schweigsame Männer, scheue Frauen, eine der Chefin ähnliche junge Frau, die Besuch von ihrem Soldatenmann bekam – verteilte sich auf eine eindeutige Hierarchieleiter, jeder bewohnte seine Stufe, wie es schien, die scheuen Frauen die untersten, die großen Männer die etwas höher gelegenen. Sie putzten, leerten Papierkörbe, wechselten Bettzeug und Handtücher. Die etwas höher Gestellten füllten die Schalen mit Teebeuteln, Zucker, Milch und Instantkaffee und spülten die Tassen. Die

Küche unterstand einer Hiesigen namens Lena. Lena war in Feodossija geboren, 25 Kilometer von Kurortne entfernt, ihre einzige Großstadterfahrung hatte sie einige Jahre zuvor in einer Großküche in Moskau gemacht, war von dort aber nach einem Jahr geflüchtet. Lena trug immer eine blütenweiße Kochmütze und eine ebenso weiße knöchellange Schürze, unter der abgelaufene Turnschuhe hervorschauten. Sie roch nach Schnaps und Zigaretten. Ich bin fürs leibliche Wohl, wiederholte sie gern, faltete mit Leidenschaft rote Servietten zu Mützchen und plissierten Halbmonden und versah Hühnerbeine mit weißen Papiermanschetten. Auf Fragen nach ihrem Leben antwortete sie stets mit einer verblüfften Herzlichkeit, als sei es noch nie vorgekommen, dass man sie nach ihrem Leben fragte, und als wolle sie den Frager für diese Aufmerksamkeit belohnen. Ihre Antworten hörten sich an wie ausgeschnittene Sprechblasen, die sie beliebig einstreute. Ich bin ein Kind des Schwarzen Meeres. Ich bin eine fröhliche Natur. Essen hält Leib und Seele zusammen. Dem einen die Stadt, dem andern das Land. Nach der Arbeit das Vergnügen. Nichts geht über die Heimat. Einmal sah ich sie vom Balkon aus, sie trug keine Kochmütze, aber die lange Schürze, über die sie ihre wattierte Winterjacke gezogen hatte. Mit einer der zum Putzen bestellten Familienangehörigen trug sie einen schweren Kanister, sie ging gebückt und schweigsam, mühte sich mit der Last und sah aus wie ein trauriges Kind.

Unseren ersten Spaziergang machten wir ans Meer. Wir folgten dabei, wie wir an den frischen Haufen Pferdemist erkannten, dem Weg, den das kleine Pferderudel genommen hatte. Der Weg führte zwischen zwei spärlich mit Wermut bewachsenen Hängen zum Strand, vorbei an einer Siedlung mit etwas märchensüß wirkenden nagelneuen Holzdatschen hinter einem elektronisch überwachten Metallzaun. Am Eingang zu der kleinen Siedlung saßen untätig zwei schwere Männer in der Uniform eines Sicherheitsdienstes, mit Walkie-Talkies in der Gürteltasche. Niemand kam oder ging, die Siedlung wirkte ebenso verlassen und unbewohnt wie eine Gruppe mehrgeschossiger Gebäude auf der anderen Seite des Weges, wo sich Sicherheitspersonal ohne Uniform in einer kleinen Holzhütte wohnlich eingerichtet hatte. Die Tür der Hütte stand offen, wir sahen die Wachmänner trinken, sie lachten laut, einer stand draußen, die Hand an sein Halfter gelegt, in dem auch ein Walkie-Talkie steckte, das war groß und klobig wie billiges Spielzeug. Vor ihrer Bude stand ein altes geblümtes Sofa, auf dem der Wachhund schlief.

Unterhalb der Betonpromenade lag ein Kiesstrand, eine schmale Mole führte weit hinaus. Von der Spitze der Mole blickte man in die nächste Bucht, die bis an den Fuß des Karadag reichte. Am Rand des Hangs hinter der Datschasiedlung wölbte sich ein rostfarbenes Kuppeldach, das wir schon vom Balkon aus bemerkt hatten, es wirkte wie eine Radarstation, die seit langem Wind und Wetter überlassen war. Die Signale, die dort noch ankommen mochten, verklangen unerhorcht unter dem dünner werdenden Dach und lösten allenfalls ein sanftes Gestöber von Rostpartikeln aus, leise wie Schneefall. Von der Mole aus sahen wir auch die Pferde wieder, die den kleinen Hügel verlassen hatten und abseits des Ortes nacheinander in einem kleinen Tal verschwanden, das sich zwischen zwei Hängen auftat.

Die meisten Läden längs der Promenade waren geschlossen. An einem Fenster klebte eine Werbung für Schiffsfahrten. Mit Mühe ließ sich auf dem ausgebleichten Prospektpapier ausmachen, dass es drei verschiedene Touren gab: Zauber der Romantik, Zauber der Delfine und Zauber der Küste. Die Fahrpläne und Preise waren nicht mehr leserlich, die Anlegestelle in der Nähe des Kiosks schien abgesackt, die Spitze befand sich schon unter Wasser.

Im Wind schepperten halb abgerissene Schilder, auf einem kleinen mit überdachten Ständen eingefassten Marktplatz stand

Wasser in den Mulden und Rinnen, die Oberfläche kräuselte sich wie zur Nachahmung eines winzigen Wellengangs.

Wie hatte man sich hier, in diesen Gassen, auf der Promenade und am Strand regen Ferienbetrieb vorzustellen? Konnte man jegliches Sommerzubehör so schnell verpackt und demontiert haben, dass es schien, als liege der letzte Sommer Jahre zurück?

Wir gingen durch eine Art Kurpark zurück zur Pension, hohe Thujabäume säumten den Weg, es gab Wegweiser zu Aufnahmebüros und Heilanwendungen, hinter den Thujabäumen blickte man in die Zimmer des Kurheims, Anstaltsräume, in denen Klappbetten an den Fenstern aufgereiht standen, die Stühle waren auf die Tische gestellt, Bettzeug zu Wülsten zusammengerollt. Wie mochte ein Kursommer in Kurortne aussehen, vielleicht für eine Busfahrerin aus Dnepropetrowsk, die sich ein solches Zimmer, wie wir sie da hinter den Thujabäumen sahen, mit einer anderen Busfahrerin aus Donezk oder Mariupol teilen musste?

M. und ich blieben stehen und spähten in eines der Kurheimzimmer. Alles Leben war ausgeräumt. Jedenfalls für unsere draußen hungernden Augen. Sicher roch es noch nach den Bewohnern des Sommers. Die eine hatte den Geruch ihrer Zigaretten hinterlassen, die andere den ihres Nagellacks, ihres Deosprays, ihres Shampoos. Ihr Nachfolger und sein Genosse den Geruch vom Schweiß der Vergeblichkeit und Bier. Von anderem Zigarettenrauch, von Wodka, von schlechten Träumen, von ungewaschenen Socken, von der Schlaflosigkeit beim Lauschen aufs Meer und auf das Rauschen im eigenen, hilflos auf dem Kurhausbett gestrandeten Körper.

Wir standen im kalten Nachmittagslicht und malten uns die beiden Busfahrerinnen aus, Vera und Marina, wie sie am ersten Abend auf dem schmalen Terrassenstreifen zu ebener Erde standen, die Bademäntel über der Brust zusammenfassten und rauchten, die Namen ihrer Kerle und Kinder austauschten, sich zwischendurch dazu ermahnten, auf die Brandung zu lauschen. Das Schwarze Meer! Oder sagten sie einfach nur: Hör mal das Meer! Von welchem anderen Meer könnten sie je geträumt haben? Vielleicht hatte die eine Kinder, die andere nicht. Welche von beiden wusste, dass ihr Mann sie mit der Nachbarin betrog, während sie hier im gesegneten Süden kurte? Welche von beiden machte sich Sorgen um einen halbwüchsigen Sohn, der zu schlechter Gesellschaft neigte? Wir wiesen Vera und Marina ein Zimmer zu und versuchten uns einzuprägen, das wievielte in der Reihe es war. Das Zimmer hinter der letzten rostorange-gelben Studentenblume in dem schon herbstfertig gejäteten Beet.

Am Abend fragte ich die Köchin Lena nach den Schiffstouren. Bis wann verkehrten die Dampfer? Würden sie an Wochenenden wieder unterwegs sein? Lena lachte breit unter ihrer Kochmütze. Ach, diese Schiffe! Sie machte eine wegwerfende Handbewegung, als wären die Dampfer unzuverlässige Hallodris, auf die hereinzufallen ich gerade im Begriff war. »Das ist doch alles nur Spaß!«

Der Blick aus dem Fenster am nächsten Morgen ist unerwartet: Direkt auf das Meer hinaus, das sich unbewegt ausdehnt. Hügelige Küste, zum Wasser hin abfallend, kleine Täler. Ein Durcheinander von Häusern, brandneu, im Bau, einst bewohnt und verlassen, unfertig und verlassen. Überreste abgerissener Gebäude, Müllhaufen, links ein grandioser, felsiger Berg.

Ebenfalls unerwartet: ein Rudel Pferde, das am Morgen unter unserem Fenster die schmale Gasse hinuntertrabt. Sie heben die Schweife und lassen ihre Rossäpfel fallen, E. bemerkt, dass niemand hinauseilt, um den Pferdemist als Gartendünger aufzuschaufeln. Die Pferde auf der Straße kümmern niemanden hier.

Nach dem Frühstück ein erster Spaziergang. Überall stößt man auf das Gemisch von Prätentiösem, Angeberischem und Vergammeltheit, auf Abbruchreifes neben Unfertigem. Und überall in Kälte

und Wind: Blumen, mediterrane Bäume, Eukalyptus, in einem Garten ein Mandelbaum. Wie Requisiten, die stehen geblieben sind. Wir irren ein bisschen umher, bis wir zur Promenade gelangen. Die Saison ist vorbei. Nur wenige Läden, auf die jetzt Sonnenstrahlen fallen, sind geöffnet, hier gibt es Bier und Imbiss. *Schaschlyk* steht auf einem Schild, darunter die altmodische Illustration eines Fleischspießchens. Aber niemand will essen. Lungernde Gäste – nur Männer, sie sehen mir nicht nach Touristen aus – trinken Bier. Abseits der Promenade prangt ein Café im orientalischen Stil. Tatarentum scheint als touristischer Pluspunkt zu funktionieren. Es passt zur Landschaft, aber nicht zu den klotzigen Neubauten. Die Berge und das Tatarentum sind Verbündete. Wie bestellt tritt ein alter Tatare aus dem Lokal. Kurz hört man orientalische Musik, dann schließt sich die Tür.

Unwillkürlich fällt mir ein Foto meiner Mutter ein. Ein Klassenfoto von ihr, als vielleicht Fünfzehnjährige, in der Mittelschule in Berlin. Sie ist eine auffallende Erscheinung in der Gruppe, weil sie so fremdländisch aussieht. Ihre Augen sind etwas schräg, sie hat hohe Wangenknochen und sehr schwarzes Haar, unter den anderen Mädchen wirkt sie besonders klein und zierlich. Ich fand immer, sie sehe auf dem Bild tatarisch aus, jedenfalls war das der Name, den ich diesem Aussehen gab, ohne je einen Tataren leibhaftig gesehen zu haben. Einmal erwähnte ich es meiner Mutter gegenüber. »Wir hatten nie Schwierigkeiten«, sagte sie verärgert. Sie war als Hausmeisterstochter in Charlottenburg aufgewachsen, 1933 neun Jahre alt. Sicher wird es lückenlose Papiere gegeben haben, die sie vor »Schwierigkeiten« bewahrten. Wer weiß, welche Gene den Weg in frühere Generationen ihrer Familie gefunden hatten, die zwischen Königsberg und Goldap verstreut lebten, Häusler und Dienstboten in Dörfern und Kleinstädten, auf dem Land. Es war eine Art theoretisches Tatarentum, das ich meiner Mutter zuschrieb, die in meiner Kindheit in Glasgow ihre Fremdheit mit übertriebener Anpassungswilligkeit übertönte.

Der Strand ist schmal, mit Kieseln bedeckt. Erstaunlich wenig angeschwemmter Abfall, doch hier und da übelriechende Rinnsale, die aus großen Abflussrohren tröpfeln und sich einen Weg zwischen den Kieseln bahnen. Ein bröckliger Betonsteg ragt ins Meer, bevölkert von Möwen und Kormoranen. Wir gehen weit hinaus, bis an

die Spitze. In den Rissen und Löchern der Betonfläche stehen Pfützen. Das Wasser rings um uns ist graublau, stumpf in der Farbe, ein wenig düster, doch wo wir von der Mole hineinschauen, ist es klarer als erwartet, die Wellen schwappen über Kiesel. Keine Fische. Der Boden der Mole schwankt unter unseren Füßen. Ich erinnere mich an die Adria, an die Mole von Senj, ein ähnliches Betongebilde, wo wir in dem klaren Wasser kleine Fischschwärme beobachteten. Die Mole von Senj war mit Sicherheit stabiler als diese hier. Die Schroffheit der Hänge ist vergleichbar. Dennoch steht es sich im Schwarzen Meer anders als in der Adria. In welche Richtung blicken wir jetzt? Türkei? Georgien? Man sieht kein einziges Schiff auf dem Wasser. Ein leeres Meer zwischen hier und dem Kaukasus. Ich muss mir in Erinnerung rufen, dass wir noch in Europa sind. Wenn man fliegt, schrumpft die Welt nicht, die Zeit wird nur zusammengeballt, doch die Fremde trifft einen mit größerer Wucht.

Im Schutz der Promenadenmauer ist die Sonne warm. Vereinzelt sitzen Leute, vielleicht noch übriggebliebene Touristen, die vor dem Kälteeinbruch nicht die Flucht ergriffen haben, in windgeschützte Nischen der Mauer gedrückt und sonnen sich. Überall in Kurortnoje hängen kleine bunte Plakate, die zum Jazzfestival nach Koktebel einladen, das in der letzten Woche stattgefunden hat. Die Namen sind bekannt, sogar berühmt. Auch Koktebel ist mir bekannt, als Name. Ich erinnere mich an den Film, an diesen Fluchtpunkt Krim und Koktebel, an die eingeflochtene Historie von der Fliegerstadt: Planerskoje. Aber die Bilder hätten irgendwo oder überall sein können, wo eine Mole ins Meer ragt und wo die Hügel karg sind. Koktebel hört sich für meine Ohren nicht Russisch an. Später erfahren wir, dass es von *kök* kommt, dem tatarischen Wort für Blau.

Ein Hinweisschild – unbeholfen plakativ mit der Zeichnung einer durchkreuzten schwarzen Hand, die sich um etwas auf den ersten Blick Undefinierbares schließt – verbietet das Aufheben und Mitnehmen von Steinen von dem schmalen Kieselstrand. Angeblich werden Halbedelsteine angespült. Diese gehören dem Staat. So wie die britischen Schwäne der Königin.

In den kurzen Sonnenscheinphasen fällt auf, wie sehr die neuen Gebäude mit ihren Glanzziegeldächern von der Landschaft und ihren Formen abstechen. Das Gestein der Felsen ist dunkel, die Hänge sind dunkel, die Erde ist dunkel, alles ist gewellt oder zerklüftet, dagegen sehen die willkürlich dahingewürfelten Villen und Rohbauten aus, als wären sie am falschen Platz. Wie versuchsweise aufgeklebt.

Überall sieht man Hunde, auch aus dem Fenster unseres Zimmers: Streunende Hunde, vielleicht auch Hunde mit Heimat, alle gehen sie freundlich und harmlos ihrer Wege oder ruhen sich am Wegrand aus. Sie bilden kleine Rudel, ähnlich den Pferden, aber nicht so majestätisch. Den Winter werden die Hunde jedoch womöglich besser überstehen als die herrenlosen Pferde. Ein Hund bewegt sich jaulend auf den Vorderpfoten vorwärts, der Hinterleib ist wie gelähmt. Er sieht erbärmlich aus, die anderen Hunde halten Abstand von ihm.

Es gibt Mittagessen in der kleinen Pension. Das Haus ist eines der wenigen erträglichen modernen Gebäude hier, allerdings auch nicht ohne angeberisches Zierwerk. Eine verblüffende Anzahl Angestellter ist hier beschäftigt. Auf der engen Treppe gibt es Gedränge. Die Männer und Frauen wirken schüchtern, lächeln zögernd, grüßen kaum. Sie verständigen sich im Flüsterton, während sie putzen und aufräumen. Ob das Flüstern vor Ausländern eine Form von Höflichkeit ist oder eine alte Gewohnheit? Sie legen die Teebeutel im Pensionzimmer zu einem ordentlichen Muster und bauen die umgestülpten Teetassen neben dem Wasserkocher zu einer Pyramide auf.

Ein Trio arbeitet in der Küche. Allem steht eine dicke Blondine vor. Sie ist aus Kiew. E. sagt, sie spricht Russisch. Wer spricht hier Ukrainisch? Die Blonde hat eine sehr hohe Stimme, sie lacht und lächelt viel. Wahrscheinlich ist sie unter diesem Lachen kompromisslos. Die Oberköchin heißt Lena. Schwer zu sagen, wie alt sie ist. Vielleicht Ende dreißig. Sie riecht nach Alkohol. Bier. Lena trägt eine bodenlange weiße Küchenschürze und eine weiße Kochmütze. Darunter die schwarzen Haare, leicht schwammiges Gesicht, eine Fröhlichkeit, die sich nicht einordnen lässt, wenn man ihr Geplapper nicht versteht. Sie entlädt ihre möglicherweise vom Alkohol genährte Überschwenglichkeit auf E., legt sich die Hand aufs Herz, als es um die notwendigen Speiseregeln geht. Beteuernd. Das Essen ist in Ordnung. Alle Gäste sitzen um einen Tisch, etwas höflich-betreten. Wir sind die Ausländer. Das Speisezimmer ist im Keller und hat nur lukenartige Fenster am oberen Rand der Wände, man hat keinen Ausblick beim Essen, der Fernseher läuft, ohne Ton.

Der nächste Spaziergang führt zum Naturschutzgebiet. Offiziell muss man wohl eine Genehmigung haben oder erwerben, doch niemand ist da, um Geld entgegenzunehmen. Wir gehen an einer kleinen Parkanlage vorbei, an zusammengestoppelten Lauben, Holzhäusern. Eine Art Ferienkolonie im Schrebergartenstil. Alles ein bisschen ramponiert, ausgebleichte Farben, einstmals sicher greller. Weiter bis an den Rand des Abhangs, der dann ziemlich steil zum Strand abfällt. Verrostete, offensichtlich nicht mehr aktive Solaranlagen. Reihen kleiner Bäume, kahl schon, wie abgestorben, vielleicht mal eine Obstplantage. Ein Pfad führt ein Stück hangabwärts, weitere Sommerhäuser. Bizarre Miniaturlandschaften aus Stein und Eisernem in den Gärten, wütende Hunde an Ketten. Dann durch eine Art verwilderten Steingarten – oder ist das natürlich hier? Blassgrüne Sukkulenten, Blüten an den Pflanzenspitzen, helle Felsbrocken, wie aus Quarz. Wieder Aufstieg zu einer Art Landnase, auf der ein großes graues Gebäude thront – und da sind die Katzen. Überall Katzen, kleine osteuropäische Katzen in allen Farben und Fellmusterungen, alle voll Hoffnung – auf was? Vielleicht darauf, dass wir ihnen ein Zuhause geben, etwas zu essen? Sie wirken so, als hingen sie noch an einer Art Sittsamkeit,

die sie nutzbringend einsetzen wollen. Das unterscheidet sie von ihren Budapester Kollegen, die früher zu Tausenden das Gelände am Gellérthügel unsicher machten, ein wilder Stamm der Ausgehungerten, die sich nicht gescheut hätten, die Finger des erbarmungsvoll Fütternden abzubeißen. *Don't bite the hand that feeds you* – so ein Struwwelpeter-Spruch. Geziemende Dankbarkeit für Almosen ist im Erziehungsprogramm.

Unten am Strand, unterhalb des Steingartenhangs liegen Fischerboote auf dem Kies. Das große graue Gebäude ist das Delfinarium, das an der Promenade auf ausgebleichten Plakaten angepriesen wird. Es sieht heruntergekommen aus und ist von Katzen umlagert, die sich auf allen Vorsprüngen, Bänken, Stufen, Fensternischen niedergelassen haben. Von drinnen hören wir die pfeifenden Rufe der eingesperrten Delfine. Wir wollen einen Blick hineinwerfen und drücken die schwere Glastür auf. Drinnen ist es feuchtwarm, stickig, trüb, ein Übelkeit erregender Geruch. Bei unserem Anblick wird die vom Hall verzerrte Musik abgestellt. Ein Schwall grimmiger Worte von zwei Frauen am anderen Ende des Beckens. »Treh-ning« verstehe ich, mit Betonung auf der zweiten Silbe. Kein Chinesisch, sondern Russisch für »Training«, wie ich erst hinterher verstehe. Ich suche das Weite. E. folgt kurze Zeit später.

In der Nähe des Parkeingangs gerät uns ein bejammernswertes kleines grau-weißes Kätzchen zwischen die Füße. Es will sich nicht abschütteln lassen. Katzen sind keine Rudeltiere, doch hier habe ich das Gefühl, dass es eine Ordnung und Hierarchie gibt. Diese Katzengruppen sind irgendwie organisiert, sehr unkätzisch. Das kleine Kätzchen will sein Glück vielleicht allein versuchen, obwohl es mir nicht nach einem Rebellen aussieht. Eher nach Not. Ein verzweifelter Deserteur der spitzohrigen Armee. Ich erinnere mich an Szenen am Schlossberg in Graz vor fast zwanzig Jahren, wo eine alte Frau die im Gebüsch lauernden Streunerkatzen mit stinkenden Fleischresten fütterte. Es war ein warmer Oktobernachmittag, sofort sammelten sich Fliegen auf dem Fleisch und die Katzen drängten sich in kleinen miauenden Gruppen um die von Fliegen wimmelnden Aluschalen. Später tranken wir im Stadtpark Sturm, und Wespen drängten sich um die Gläser.

Starker Wind, ab und zu in heftigen Stößen und Böen. Doch den ganzen Nachmittag hat es nicht geregnet. Über dem grauen Schwarzen Meer wölbt sich ein großer graublauer Himmel mit ein wenig Rosa darin. Das Licht auf den Berghängen wechselt ständig. Alles Felsige ist Teil des Karadagmassivs und das ganze Karadaggelände ist Naturschutzgebiet. *Kara* heißt auf Türkisch schwarz, was den Farben der Felsen aber nicht gerecht wird. Ein türkisches Schwarz neben dem tatarischen Blau. Der Schwarze Berg am Schwarzen Meer. Haben die Osmanen erst dem Berg seinen Namen gegeben?

Ich bin neugierig auf das, was man hier wohl im Fernsehen zu sehen bekommt, und schalte später am Abend den Fernseher auf dem Zimmer ein. Es gibt nur Programme in Russisch und Ukrainisch. Langsam kann ich die Sprachen im Klang unterscheiden. Das Ukrainische hört sich heller an. Aber verstehen kann ich nichts.

Bei den Mahlzeiten geht es inzwischen etwas weniger steif zu. Die Gäste sind aus allen Gegenden der Ukraine. Von Mariupol bis

Lwiw. Ein Mann aus Kiew spricht sehr gut Deutsch. Er ist Experte für alles. Er kommentiert die Fernsehsendungen, die stumm während der Mahlzeiten laufen. Er redet viel in sein Smartphone und bohrt dabei ungeniert in der Nase. Nach dem Essen will er sich mit uns unterhalten. Er gibt damit an, dass er bei den bevorstehenden Winterspielen in Sotschi für das deutsche Fernsehen dolmetschen wird. Er schäkert mit den jüngeren Frauen. Lena kann ihn nicht leiden, das sieht man.

Die Prätentionen unseres Hotels sind typisch für die zunehmende Bedeutung des Ortes. Im allgemeinen ist es für ein russisches Hotel nicht schlecht. Der Reisende, der ankommt, wandert durch einen Toreingang eine Treppe hinauf, in der Hoffnung, jemanden anzutreffen. Diese Hoffnung wird einige Zeit enttäuscht, auch wird sie nicht erfüllt, als er zu guter Letzt einen schlampig wirkenden Bediensteten entdeckt und indigniert auf seine am Fuß der Treppe verbliebenen Gepäckstücke weist. Die Antwort, die er bekommt, ist außerordentlich höflich und auch voller Mitgefühl seitens des Angesprochenen, der liebenswürdig darauf hinweist, dass er Prinz Galitzen sei! (In Russland gibt es rund dreihundert Prinzen Galitzen.) Unter aufrichtigsten Entschuldigungen macht sich unser Reisender davon, öffnet weitere Türen, steigt weitere Treppen hinauf und hinunter und stößt schließlich auf einen Mann mit Zigarre. Entschlossen, den vorherigen Fehler nicht zu wiederholen, spricht er diesen respektvoll auf Französisch oder Deutsch an (oder auch auf Russisch, falls er dieser Sprache mächtig ist) und bringt seinen Wunsch zum Ausdruck, den Hoteldirektor oder einen Bediensteten ausfindig zu machen. Daraufhin schreitet der Herr mit Zigarre von dannen, offenbar beleidigt. Doch wenig später hört man ihn laut durch die langen Gänge rufen und stellt fest, dass es sich in der Tat um den Hoteldirektor höchstpersönlich handelt. Nun hebt die Suche nach einem Zimmer an, die damit endet, dass man in einer teppichlosen kleinen Kammer mit sehr schmutzigem Boden landet. In der Kammer steht ein hartes Sofa, eine harte Liege, die durch den Namen Bett geadelt wird, ein Tisch und ein Stuhl! Diese Unterkunft ist mit 3 Shilling und 4 Pence pro Nacht billig! Nach kurzer Verhandlung gibt es auch noch eine Waschschüssel mit Kanne obendrein und ein – allerdings schon mehrfach benutztes – Leintuch wird auf der harten Matratze der Liege ausgebreitet …

Die einzige Möglichkeit, einen Bediensteten ausfindig zu machen, besteht darin, durch die Korridore zu wandern und »Tschelavjek!« zu rufen. Natürlich befindet sich der »Tschelavjek« immer denkbar weit von dem Ort entfernt, wo er gerade gebraucht wird, was allerdings angesichts der Tatsache, dass es nur einen solchen Bediensteten gibt, nicht verwunderlich ist.

Wenn unser Reisender klug ist, wird er die Bekanntschaft mit Prinz Galitzen pflegen, der nicht im Geringsten verärgert ist, dass man ihn für einen Diener hält, sich nur eifrig bemüht, den guten Ruf der russischen Hotels und der Zivilisiertheit seines Landes zu retten.

3

Am zweiten Morgen in Kurortne sah ich ein Schiff auf dem Schwarzen Meer. Ein kalter Regen fiel, alles ringsum lag in feuchtem Grau, das zum Meer hin heller wurde, der Horizont war silberweiß. Durch dieses Silberweiß fuhr das Schiff auf dem leicht gekippten Meer aufwärts, nach Osten. Der Umriss des Schiffes war so undeutlich, dass ich M. weckte, um von ihm bestätigt zu bekommen, was ich sah. Die wenigen Schiffe, die wir an diesem und den folgenden Tagen sahen, segelten alle sehr langsam von Westen nach Osten, nie in die andere Richtung. Sie segelten diese ganz leichte Steigung hinauf und unter Auslassung aller geographischen Wirklichkeiten mochte man sich denken, dass sie einfach immer weiter segelten, möglicherweise an einem Punkt auch wieder bergab, um irgendwann, in Monaten oder Jahren, wieder am westlichen Winkel des Schwarzen Meers, in der rechten Ecke dieses Kurortner Horizonts hier aufzutauchen.

Als wir uns später in Richtung Karadag aufmachten, sahen wir die Kupferhaarige mit Lena am Hintereingang der Küche stehen. Lena hatte die Zigarette schief zwischen den Lippen hängen und reichte der Kupferhaarigen mit beiden Händen Tüten mit Essensresten. Die Hunde würden die vermasselte Fischpastete vom Vorabend bekommen und Tomatensauce dazu, die aus der Plastiktüte tropfte und Spuren auf dem geschrubbten Bruchstein des Hofes hinterließ.

Das Gelände um den Karadag galt als Naturschutzgebiet. Die Marschrutki, mitgenommene weißliche Kleinbusse, die den öffentlichen Verkehr nach und von Kurortne bestritten, hatten das Schild *Biostanzija* in der Windschutzscheibe und fuhren den Parkplatz vor dem Eingang zum Karadag-Gelände an. Dort befand sich eine wohnlich eingerichtete Haltestelle mit einer alten Couch und bunten Decken, die über das Metallgerippe der einstigen Haltestelle drapiert waren. Katzen lagen auf der Couch. Ein parkartiger Streifen mit dunklen immergrünen Bäumen trennte den Parkplatz von den unteren Hängen des Berges. Schilder waren aufgestellt, die zum ehrfürchtigen Umgang mit der Natur anhielten. Aus dem Parkstreifen traten wir auf eine weite Wiese, harthalmiges dünnes Steppengras, bestanden mit krüppligen Bäumen. Wir folgten dem Weg bergauf, zur einen Seite lag ein Tal mit verstreuten Datschen, improvisiert aus Wellblech, aus Holz, manche mit Fahnen geschmückt, die feucht im Wind klatschten, aus schmalen Ofenrohrschornsteinen stiegen Rauchwölkchen. Männer hockten vor dem Tor zu einer Art Bauhof, in dem kleine Traktoren und Bagger im zerfurchten Schmutz standen. Katzen strichen herum. Die Männer hielten sich an ihrem Arbeitswerkzeug fest, an Schaufeln, Spaten und Äxten, offensichtlich auf etwas, auf jemanden wartend, sie musterten uns mit unfreundlicher Neugier und erwiderten nicht den Gruß.

Ein paar hundert Meter weiter stießen wir auf eine Schranke. *Durchgang nur für geführte Gruppen* stand auf einem Schild. Die Schranke wäre leicht zu umgehen gewesen, doch in einem Verschlag, abseits zwischen Büschen, sahen wir einen Mann sitzen, er beobachtete uns schweigend durch das Fenster, sagte nichts. M. zögerte, ich machte lieber kehrt, kleine Schwankungen in der Einschätzung von Krisenzonen. M. in der Wolke der Wortlosigkeit, behaglich im Schweigen, mutiger in der Unverständigung.

Als wir den Bauhof wieder passierten, umringten die Männer einen Neuankömmling mit Baseballkappe, der seinen blitzenden breiten Geländewagen über den Grasweg bis ans Tor gefahren hatte, er hielt einen Hund an kurzer Leine, sie alle standen mit dem Rücken zu uns. Immer wieder befragte ich mich im Stillen über ein Unbehagen, das ich empfand, etwa beim Anblick des schweigenden Mannes in dem Verschlag, des Baseballkappenträgers mit dem Hund an der knappen Leine, der Rauchwölkchen aus den kümmerlichen Ofenrohren der Datschen. Ich verstand Wörter, aber nicht das Hinterland dieser Wörter, das ihnen die Bedeutung verlieh, die hier, auf diesem Gelände Gültigkeit hatte. Auf unterschiedlichem Gelände haben Wörter unterschiedliches Gewicht. Das Wort für Grün würde hier anders gelten, umringt von unzähligen Graus, für die es sicher Namen gab, von denen ich nicht einmal etwas ahnte. Doch mein Unbehagen gefiel mir nicht. Ich verstand das Gelände nicht, den Boden nicht, auf dem ich stand, und nicht den Boden der Verständigung und erwog, ob es einfach an meiner Unkenntnis lag. An der mangelnden Kenntnis von den Dingen, die über diesen Boden hinweggegangen waren. Womöglich ein Iphigeniensyndrom. »Scheinst du dir hier vertrieben und verwaist?«, wird Iphigenie gefragt. Wie denn auch nicht? Fremdheit ist für sie der einzige Weg.

Dennoch, ich fühlte mich klein neben Oliphant, der zwischen den roten Buchdeckeln, die ich allabendlich aufklappte, in schöner Selbstverständlichkeit unwegsamstes Gelände befuhr. Und neben M., der, ohne Wörter zu verstehen, mit sparsamen Gebärden Namen, Trümmer, Landschaften und auf der Landkarte verzeichneten Strecken Zeiten und Mächten zuteilte, Griechen, Genuesen, Türken und Skythen, alle fielen sie aus lose geschütteltem Ärmel und verteilten sich zu einem Muster der Welt. Fühlte er sich unbehaglich? Ich fragte ihn. Nein, warum sollte er?

Ich spürte eine Art Erleichterung, als wir die Einfahrt hinter uns hatten und wieder das weiße Gebäude zwischen den immergrünen Bäumen sahen, das am meerwärtigen Ende des kleinen Parks lag, auf einem Vorsprung über der Küste.

Aus der Nähe betrachtet wirkte das weiße Gebäude wie ein großes Schwimmbad, rissige Betonrippen mit Moosbesatz in den Ecken, dazwischen schmale, hohe Fensterscheiben. Von drinnen schimmerte es trübtürkis durch die beschlagenen Fenster. Es hatte aufgehört zu regnen, wir setzten uns auf eine Bank, mit dem Rücken zur Schwimmbadfront und blickten in die kleine Bucht, die bis an den Fuß des Karadagfelsens reichte. Ein schmaler, geebneter Pfad, unterbrochen von brüchigen Betonstufen, führte von dem kleinen Plateau hinab in die Bucht. Ein Schild warnte den Besucher davor, Kiesel und andere Fundstücke vom Strand mitzunehmen. Jeder Stein auf diesem Ufer war Teil des Naturschutzgebietes und damit staatliches Eigentum.

Lautlos versammelten sich Katzen um uns. Sie kamen von überall her. Ähnlich wie die Hunde am Abhang, die wir auf den ersten Blick für Steinbrocken oder Baustoffreste gehalten hatten, bis sie sich in Bewegung setzten, entpuppte sich auch hier alles Mögliche, das erd- und steinfarben reglos unter Pflanzen, kleinen Hecken und zwischen Steinen gelegen hatte, als Katzen. Sie waren alle sehr klein, die meisten weißlich oder sehr hell rötlich, manche fast albinohaft rosig-orange. Nach wenigen Minuten hatten sicher dreißig Katzen vor uns eine Art halbkreisförmige Stellung bezogen, sie blickten uns unverwandt an, einige strichen uns um die Beine, nicht aufdringlich, eher beiläufig. Im Unterschied zu uns zuckten sie nicht mit der Wimper, als in der Schwimmhalle ein Schuss ertönte, gefolgt von verzerrter, bombastischer Popmusik, Händeklatschen, lautem Rufen, Wasserplatschen, einem Pfiff.

Wir brauchten eine Weile, bis wir begriffen, dass es sich um ein Delfinarium handelte.

Von Katzen umringt lauschten wir auf das seltsame Theater hinter unseren Rücken, hörten Delfine quietschen und schnattern, dann immer wieder dieselben Runden Popmusik. Wahrscheinlich gehörte das zum Zauber der Delfine, wie ihn der sonnengebleichte Prospekt der Dampfergesellschaft anpries. Vor uns lag der zerklüftete, gewaltige Karadag, der Schwarze Berg, der sein Aussehen, seine Schattierungen, die Gestalt seiner Kerben, Zacken und Vorsprünge ständig zu ändern schien, der steppengrasige Hang, die Bucht mit den Staatseigentumskieseln, die wachsende Schar der kleinen Katzen. Hinter uns zwitscherten die Delfine, knallten die Kommandoschüsse, klatschten die Delfinleiber ohne Zusammenhang mit dem Rhythmus der süßlichen Streicherarmee, stießen Frauenstimmen peitschende Laute aus. Der Himmel war grau und der silbrige Horizont wieder leer, von keinem Schiff durchbrochen.

Gefolgt von der Katzenschar umkreisten wir das Gebäude und fanden einen Eingang zu dem Delfinarium. Ein Schwall muffiger feuchter Luft schlug uns entgegen, sobald wir die Tür öffneten. Zur einen Seite des langen Wasserbeckens befand sich eine Zuschauertribüne, zur anderen eine Reihe bemooster Grünpflanzen, uralt aussehende Gummibäume, deren verschlungene Stiele und lange, dunkle Blätter zu den Glasscheiben drängten und sich daran drückten, als suchten sie verzweifelt das Weite. Ein aufgestelltes Sperrholzpaneel zeigte Fotos von Delfinen mit und ohne Trainerinnen, Kindern, Spielzeug. Am gegenüberliegenden Ende des Beckens standen zwei Frauen, ein Delfin hüpfte müde nach einem langen Stab mit buntem Plastikende, den eine der Trainerinnen ihm entgegenhielt. Als die Frauen uns erblickten, brachen sie ihre Tätigkeit ab, die Streicherarmee wurde mit einem Knopfdruck mitten im Takt zum Verstummen gebracht, der Delfin tauchte ab, vielleicht aus Schrecken über die unvermittelte Programmänderung, gebrüllte Wortfetzen wurden vom Echo zur Unverständlichkeit verzerrt. Wir begriffen mit und ohne Wortfetzen genug, um uns zum Gehen zu wenden. M. war schon aus der muffigen Schwüle nach draußen gestolpert, ich fand mich vor einem tropfenden Mann im Taucheranzug, der mir in den Weg trat und unvermittelt eine atemberaubende Summe für die *Show* abverlangen wollte. Ich zuckte mit den Schultern, sagte etwas auf Englisch. Der Mann blickte ratlos, wandte sich ab und rief, die Hände zum Trichter um den Mund gelegt, »Ausländer!« den Frauen am fernen Ende des Beckens zu, während ich durch die Tür ins Freie trat. Die Katzen erwarteten uns draußen, wieder in einer so symmetrischen Anordnung, dass M. das Wort Schlachtaufstellung ins Spiel brachte.

Zwischen den Bäumen und Büschen und auf einigen etwas verwahrlost wirkenden Rabatten gärtnerten Frauen. Fast alle waren sie alt, sie trugen Trainingsanzüge oder Hauskleider und Pullis über Sporthosen, dazu geblümte Tücher um den Kopf. Wir hatten sie zuvor gar nicht bemerkt. Hatten sie uns beobachtet? Flankierten sie in Gebüschdeckung das Katzenheer? Wir gelangten unbehelligt bis an den Rand des Parks. Dort, kurz vor einer orientalisch wirkenden Brücke über einen Bach, kreuzte eine alte Frau mit einer Schubkarre voll verwelktem Grün und dürrem Gezweig unseren Weg. Sie lächelte und zeigte auf ein kleines Geschäft neben der Bushaltestelle. »Kaufen Sie ihnen etwas Gebäck«, riet sie. »Das mögen sie so gern.« Ich begriff, dass sie die Katzen meinte. Im Kiosk gab es neben grellbunten Tüten mit Süßigkeiten, eingepackten Würsten und Kuchen tatsächlich riesige Beutel mit blassen Keksbruchstücken zu kaufen. Ich konnte mir vorstellen, wie zu anderen Jahreszeiten die zuckerlüsternen Kinder in Ferienlagern mit diesen Brocken abgespeist wurden, zwischen dem Baden in der Edelsteinbucht und Geländespielen am Fuß des Karadag, zwischen den schütteren Obstbäumen und auf den steilen Hängen, die ich mir nicht anders als fahl denken konnte, getupft mit den weinrot leuchtenden Pflanzen, die wie fremdsprachige Zeichen auf den mattfarbenen Flächen saßen. Der Mann hinter der Theke hielt uns gleich einen solchen Beutel entgegen, als wisse er Bescheid und sei Teil einer Verabredung, die hinter unserem Rücken getroffen worden war. Als wir mit der Kekstüte auf das Gelände am Delfinarium zurückkehrten, kam uns die Alte mit der leeren Schubkarre entgegen. Sie winkte uns, ihr zu folgen, und zeigte auf eine hinter Bäumen verborgene halbrunde Aussichtsplattform, wo wir die Kekse ausstreuen sollten. Von hier öffnete sich uns zum ersten Mal ein Blick auf ganz Kurortne, auf dieses sich hinter dem bescheidenen Kurpark und Kurheim und der sich außer Betrieb befindlichen Promenade in die Küstenlandschaft krallende Gemisch aus Bauruinen in Rost und Betongrau, aus bonbonbunten neuen Pensionen mit modischen Glanzziegeln in Knallfarben, aus orientalischen Andeutungen, die das inzwischen wieder zu Ehre gekommene Tatarenerbe hervorstreichen sollten. Man sah den schönen Schwung der Bucht, die hinter einer Hafenruine in Felsenvorsprünge auslief, die Gebirgszüge im Hintergrund, den plötzlichen Sonnenflecken auf dem Küstenstreifen im Westen, wo Sudak liegen musste. Wir kannten nichts von alledem, wie waren neu hier, unbedarfte Ankömmlinge aus einem Anderswo, das mir selbst schon ganz undeutlich erschien, und hatten doch beide das Gefühl, dass Kurortne ein ungebärdiger Fremdling an dieser Küste war.

Die Katzen, die das Gebäck fast unhörbar aufgefressen hatten, gaben uns ein träges, nicht mehr so streng formiertes Geleit bis zu der kleinen Brücke. Hungrige Achtsamkeit war gesättigter Gelassenheit gewichen. Sie wähnten uns zu Recht auf ihrer Seite. Ein paar größere Katzen strichen noch an der Bushaltestelle herum, schenkten uns aber keine Beachtung. Der Busfahrer, der rauchend mit ein paar Biertrinkern am Getränkekiosk gegenüber der wohnlichen Haltestelle geplaudert hatte, schnipste seinen Zigarettenstummel weg und stieg in seine Marschrutka. Ob es einen Fahrplan gab, wussten wir nicht, womöglich hielt er uns für Touristen, die nach dem Besuch des Naturschutzgebietes wieder in belebtere Gegenden fahren wollten. Er ließ den Motor an, der sein ganzes Gefährt zum Zittern brachte. Dann drehte er das Schild mit der Aufschrift *Biostanzija* um und klemmte es wieder an die Windschutzscheibe. *Feodossija* stand jetzt dort. Er fuhr los, blieb dann vor der ersten Kurve stehen und hupte. Als wir unseren Schritt nicht beschleunigten, gab er Gas und machte sich davon. Kaum hatten wir die Kurve zu Fuß erreicht und die Senke mit der Haltestelle hinter uns, sahen wir schon die ersten Hunde am Wegrand lungern. Halb unter einem dornigen Gebüsch lag ein gelber Hühnerhund ganz reglos. M. blieb stehen und musterte das Tier. War es der kranke Hund aus dem Verschlag der Kupferhaarigen? Lebte er noch? Schickte er sich an zu sterben, war er tot? M. tat etwas Unerwartetes: Er nahm ein Stöckchen vom Wegrand und fuhr dem Hund ganz leicht damit über das Rückenfell. M. wollte wissen, ob das, was da lag, zum Lebenden oder zum Toten gehörte. Der Hund reagierte nicht. Vielleicht war die Berührung zu schwach gewesen. M. war ein zaghafter Mensch. Zu zaghaft eigentlich, um dieser Tododerlebenfrage wirklich auf den Grund gehen zu wollen, ich wunderte mich über seine Beharrlichkeit. Als wir das kranke Tier am Morgen aus dem Fenster beobachtet hatten, hatte M. großes Mitleid gehabt.

Verendet oder genesen, ich wollte es jetzt nicht wissen. Ich hatte eine erste unmarkierte einheimische Grenze hier verstanden: die der Katzen- und der Hundewelt.

Stürmischer Morgen, der Wind heult geradezu. Plastiktüten schweben durch die Luft. Doch das Meer sieht still aus, ohne Schaumkronen und brodelndes Wogen.

Am Horizont ein erstes Schiff. Ist es wirklich ein Schiff? Es ist fast so grau wie das Meer, nur ein wenig heller. Ein undeutlicher Umriss, der eine winzige Insel sein könnte. Am Vortag war dort nichts. Nach dem Frühstück erweist es sich eindeutig als Schiff, es hat sich nach links bewegt. Richtung russische Küste, Richtung Asowsches Meer.

Ich merke mit einem Mal, wie seltsam mir in diesen ersten Tagen die Leere des Meeres vorgekommen ist. Hier müssen doch wichtige Schiffsrouten verlaufen, zwischen Russland, Kaukasus, Türkei, Sewastopol. Russland ist ganz nah. Ab und zu müssen die Russen ja ihre Marine bewegen. Übungsfahrten zwischen Sewastopol und Rostow. In dem Film »Die kleine Vera« sieht man die Jugendlichen von Rostow zwischen riesigen rostenden Schiffen tauchen und baden. Die Marine ist die goldene Zukunft für die Jungen im Film.

Die Hunde plündern und stöbern unverdrossen im Wind. Sie bewegen sich in Zweier- und Dreiergruppen. Es gibt ganz klare Anführer. Die Anführer sind schwarz. Einer von ihnen hat einen sehr dicken Kopf, er wirkt insgesamt dicker als die anderen im Rudel. Der kranke Hund, der sein Hinterteil schleifte, ist nicht zu sehen. Er hatte eine gelbliche Farbe. Wir haben uns über die Farbe unterhalten. Auf Englisch wäre das sandfarben. Auf Ungarisch nennt man das semmelfarben, erwähnt E. Für mich passt Semmel nicht zu Hundehaar.

Wir wagen uns trotz des Windes auf einen kurzen Gang hinunter ans Meer, entlang dem Weg zwischen zwei dünenartigen Hügeln. Die Pferde haben sich in drei kleine Gruppen geteilt und grasen ruhig in kleinen Verbänden auf den Hügeln. Aus der Nähe betrachtet sieht man kaum einen Grashalm, nur zerfurchte Erde und graues Kraut. Ein junges Pferd wechselt die Seiten, erklimmt die Böschung, auf deren Kamm die größte Gruppe weidet. Das Pferd bewegt sich seitlich zum Hügel, setzt die Hufe, die schmalen Beine ganz sicher und stolpert nicht. Es sieht leicht aus, wie ein Aufziehpferd. Am oberen Rand des Hügels erscheint ein schwarzer Hundekopf, der drohend grollt. Das Pferd beachtet ihn gar nicht.

Auf einer Kuppe gleich über dem Meer erhebt sich eine rostige alte Teleskopanlage. Sicher früher eine kleine Spionierstation. Der Weg zu ihr ist versperrt, ein Drahtzaun umgibt das Gelände. Der Zaun sieht aus, als sei er erst kürzlich gezogen worden, doch das Vorhängeschloss am Tor ist alt und rostig. Hat man das Spionieren aufgegeben oder in dezentere Einrichtungen verlagert? Verglichen mit den Neubauten wirkt diese verlassene Kuppel zur Landschaft passend. Dazugehörig.

Auf der Promenade ist es menschenleer. Der Wind reißt an allem, was lose ist, es saust und klappert, doch die Brandung ist tatsächlich so sanft wie am Vortag, Wellen wie auf einem See. Dabei sind die Herbststürme auf dem Schwarzen Meer berüchtigt.

Die Kioske und kleinen Läden sind fest verrammelt, als wären sie seit Jahren nicht geöffnet gewesen. Dahinter steckt eine Kunst: die Kunst, alles schon seit langer Zeit verlassen wirken zu lassen. Kulissenkunst. Sogar vor den kleinen Trinkhallen und Imbissbuden, wo gestern noch die wenigen Käufer und Konsumenten im kalten Sonnenlicht standen, liegen jetzt so schwere und vom Wetter angefressene Riegel, dass man kaum glauben will, was man gestern noch gesehen hat. Die Bolzen und Vorhängeschlösser sind wie zusammengewachsen.

Passend zum Ortsnamen gibt es einen Kurpark. Angelegte Wege, Rabatten, gestutzte Bäume. Das Kurheim ist schon geschlossen, im Winter kommen keine Kurgäste. Gestapelte Möbel, aufgerichtete Matratzen, mehr sieht man in den Zimmern nicht. Zwischen den Gebäuden sind Arbeiter unterwegs, sie tragen einen Tisch, eine Frau kommandiert sie herum. Ein paar Frauen in wattierten Mänteln mit schweren Einkaufstaschen kommen uns entgegen. Wo kauft man hier ein? Wir haben bisher nur einen kleinen Laden in der Nähe des Hotels gesehen, im niedrigen Untergeschoss eines kleinen Apartmentblocks, dessen Fenster alle mit Läden verschlossen sind. Hinter der Ladentheke steht ein Regal, voll mit alkoholischen Getränken, in der Kühltheke liegen Butterwürfel, weißer Käse, Speck, es gibt Brot und unzählige Süßigkeiten. Die Ukrainer sind stolz auf ihre Schokolade, die in die ganze Welt exportiert wird, hat der Mann aus Kiew erzählt. Sogar nach Israel! Zum Beweis nahm er gestern die Schokolade, die eine der Frauen neben ihren Teller gelegt hatte, und zeigte auf die hebräische Schrift. Darunter steht ein arabischer Schriftzug. Er selbst behauptet, keine Schokolade zu essen, aber er betont, dass es in der Ukraine einen regelrechten Schokoladenkönig gebe.

Das Kurheim ist dem Aussehen nach aus den Sechzigern, ein langer flacher Bau daneben, der nach Behandlungsräumen aussieht, ist sicher später hinzugekommen. Kurortnoje wird zu keiner Zeit ein mondäner Badeort gewesen sein. Eher etwas für kleine Genossen, ein Armeleuteort auf einem Armeleuteteil der Krim. Ein separat gelegener Teil der Anlage ist älter als Kurheim und Behandlungstrakt, das einstöckige, langgestreckte Gebäude mit stellenweise bröckelndem Putz, verzierter Fassade und geschwungenem Giebeldach mag vor dem Krieg erbaut worden sein. Dieser Bau ist der einzige Hinweis auf eine Geschichte des Ortes. Sind hier alle alten Häuser abgerissen worden, um beim Anbruch einer neuen Ära neue zu bauen?

Seit wann gibt es den Ort? Es gibt keine Kirche, auch einen Friedhof haben wir noch nirgends entdeckt. Ein schmales Minarett hinter dem Café, aus dem der Tatare kam, aber einen Muezzin haben wir hier noch nicht gehört. Am Ortseingang stehen ein paar ältere Bauten, zwei Wohnblocks, eine Reihe niedriger Häuschen von Obstbäumen überragt hinter hohen Toren und Mauern. Sie haben Gärten und Höfe, Hunde bellen, wenn man vorübergeht.

Wie mag es hier vor ein paar Jahrzehnten ausgesehen haben? Datschen und Kurheim, die beiden Wohnblocks, weiter nichts? Wo arbeiten die Leute hier, wie verdienen sie ihr Brot, ihr Bier, ihren Wodka, ihren Speck? Vielleicht hat Kurortnoje eine Vergangenheit als Potemkinsches Dorf und gelangte auf eine Landkarte als ein für Katharina die Große hastig errichtetes Fassadenstädtchen? Potemkin war der Generalgouverneur der 1783 in russischen Besitz genommenen Krim, die er als »Neurussland« umkrempeln und zivilisieren sollte. Zivilisation hieß Beseitigung von Nomadentum, Verordnung von Sesshaftigkeit, Landbau. So viel hatten die Russen von den alten Griechen gelernt. Dafür holte man Siedler aus anderen Ländern. Die Russen hielt Potemkin erst mal fern, außer den reichen Adeligen. Ob zu dem für die Zarin aufgebotenen Zivilisationsprogramm auch deutsch benannte *Kurorte* gehörten, die Siedler anlocken sollten? Wohl kaum.

Am Nachmittag erscheint kurz die Sonne. Die Pferde stehen auf dem Hügelkamm vor dem rostenden Teleskop und grasen. Wenige Minuten später sind sie verschwunden. Wir machen eine kleine Runde durch den Ort. Pferdeäpfel markieren den Weg, den die Tiere an diesem Tag genommen haben. Der Ort wirkt ausgestorben, nur an einer Bushaltestelle am Ortsausgang sitzen zwei Frauen. In dem dunklen Laden kaufen wir Schokolade – es gibt nur die Schokolade des Schokoladenkönigs in etlichen Verpackungsvarianten und Geschmacksrichtungen – und hiesigen Wein aus dem Sonnental, kehren in einer kleinen Schleife zum Hotel zurück. Fast am Hotel, auf dem letzten Stück Weg, das unterhalb eines ansteigenden Ödlands verläuft, springen plötzlich drei Ziegen hinter einem Trafohäuschen hervor und stürzen auf mich zu. Der zottelige Anführer versperrt den Weg, macht angriffslustige Bewegungen. Womit ihn beschwichtigen? Mit meinem kleinen Fotoapparat? Oder der Schokolade? E. scheucht die Ziegen davon, der Weg ist frei. Perplex drängen sich die Ziegen neben dem Trafohäuschen zusammen und sehen uns nach.

Wir haben eine Karte der Krim mitgebracht, die einzige, die erhältlich war. Es gibt keine guten Landkarten von dieser Gegend, auch nicht in den Spezialgeschäften in Berlin. Ich finde die kleine Bucht, an der wir uns befinden. Koktebel, Feodossija, Kertsch. Im Westen der Krim sehe ich den Dnepr, den wir im Dunkeln überflogen haben. Mir ist nie klar gewesen, wie groß der Fluss ist, wie riesig die Mündung. Dreimal D ins Schwarze Meer: Donau, Dnepr, Don (auf dem Umweg übers Asowsche Meer). Lauter Riesenflüsse. Und welche Welten an diesem Meer, vom Donaudelta bis zum Kaukasus. Auf Anhieb fallen mir nur zwei große Flüsse ein, die ins Mittelmeer fließen und ähnliche Mündungsgebiete bilden, Rhone und Po. Und natürlich das schöne Neretva-Delta, aber das ist ein kleiner Fluss. Und nicht zu vergessen: der nichteuropäische Nil.

Genauer betrachtet ist die Krim eine Merkwürdigkeit, ein kleines Gebirgsphänomen im nordwestlichen Bogen des Schwarzen Meeres, wo eigentlich alles flach und sumpfig ist, während die Berge in den Südosten gehören, zum Kaukasus. Auch Pallas betrachtete die Krim als ein Rätsel. Ein Rätsel der Natur.

Überall längs der Südküste finden sich auf der Karte die kleinen Symbole für antike Stätten. Griechische Reste, genuesische Reste. Allerhand griechische Mythologie hängt an diesen Küsten in ihrer

Unerklärlichkeit. Und im Rücken der Berge hier beginnt die Pontische Steppe. Für die Griechen muss die Krim die Grenze der Welt gewesen sein, Taurien, die Küste der Menschenfresser, hinter deren Gebirge die Steppe in verschwimmender Ferne in die Unterwelt überging. Die Skythen waren schon halb im Hades.

Die Schokolade ist nicht gut. Der Wein ist trinkbar. Am Abend gibt es eine Geburtstagsfeier für eine junge Frau namens Olga. Kuchen mit Kerzen und Wein für alle. Wir steuern den Wein bei, den wir am Nachmittag gekauft haben. Olga will Übersetzerin werden. Sie erzählt in gebrochenem Englisch, dass sie ihren Lebensunterhalt damit verdiene, in einem zweisprachigen Kindergarten zu arbeiten und moslemische Anwerbeliteratur aus dem Englischen ins Ukrainische zu übersetzen: Broschüren, die Frauen zu einem korantreuen Leben anleiten und anhalten. Beides erscheint mir etwas unglaubwürdig. Der nasebohrende Kiewer mischt sich ins Gespräch und macht abwertende Bemerkungen. Für Muslime hat er nicht viel übrig. Doch das, was Olga erzählt, hält er offensichtlich für glaubwürdig.

»Wie kommt man nach Kertsch?«, erkundigen wir uns in der Runde. Der Mann aus Kiew zuckt mit den Schultern. Man nimmt die Marschrutka, Umsteigen in Feodossija. Man mietet ein Auto. Aber es ist weit.

Marschrutkas sind die Minibusse, die hier verkehren. Was für ein Wort. Ziemlich militärisch.

Etwas Gelesenes, aus Oliphant: Als der Krimkrieg begann, war ein Viertel der Bevölkerung des Zarenreiches muslimisch, und ein Viertel der Untertanen des Osmanischen Reiches war christlich. Symmetrie der Feinde.

Wie viele Epochen des Handels sind über dieses Gewässer hinweggegangen, seit sich die ersten miletischen Fischereien an den Ufern etablierten, um für griechische Feinschmecker Stör zu exportieren, und Tanais als Ultima Thule galt – so wenig war über diesen Ort bekannt, dass man heute sogar überhaupt an seiner Existenz zweifelt. Jahrhunderte nach der Zerstörung von Tanais segelten venezianische, genuesische und Pisaner Galioten Seite an Seite durch den Kimmerischen Bosporus, schwer beladen mit den kostbaren Handelsgütern des Ostens, während die Siedler der konkurrierenden Republiken an den Ufern des Don darum kämpften, ein Handelsmonopol mit der ruhmreichen Goldenen Horde aufzubauen, die direkten Kontakt mit Samarkand hatte. Diese florierenden Kolonien ihrerseits verschwanden und dreihundert Jahre lang kreuzte nur gelegentlich eine türkische Schebecke dieses Meer auf dem Weg nach Asow, einer Festung, die auf den Ruinen von Tana, vielleicht auch Tanais, erbaut ist.

Schließlich trat eine neue Macht an die Stelle der vorigen und unter ganz neuen Umständen lebte der Handel wieder auf, der seine Bedeutung nun jedoch nicht dem Reichtum des Ostens verdankte, sondern den Schätzen, welche die an dieses Meer grenzenden Gegenden bargen. Die Schiffe auf dem Meer sind nicht mehr beladen mit Seide aus China, sondern mit taurischem Getreide. Bemerkenswerterweise sind es die Engländer, die nun, nachdem sie sich im Anschluss an die Griechen und die Italiener für ihren alten Handel mit dem Osten ein neues Monopol aufbauen konnten, mehr Schiffe als jede andere Nation auf dem einst berühmten Palus Maeotis verkehren lassen.

4

Der Regen blieb einen Tag aus, der Himmel zeigte ab und zu ein leichtes Blau, doch es blieb kalt. Die Pferde wanderten langsam und ziellos umher, grasten auf den Hügeln am Meer, wandernde Schattenbilder gegen die heller werdende Weite. Nachmittags verschwanden sie. Jemand erzählte uns, die Pferde seien Überbleibsel vom Sommer, in dem sie bei verschiedenen Strand- und Promenadenattraktionen gedient hatten. Die Schausteller hatten ihre Anlagen demontiert und verstaut, waren abgezogen, hatten die Pferde freigelassen. Sie fanden sich zu einem kleinen Rudel zusammen, irgendwann im Laufe des Herbstes würde ein Pferd die Führung übernehmen, vielleicht sei es den Pferden schon längst klar, welches der Anführer war, nur wir könnten es in ihrem ziellosen Umherstreifen noch nicht ausmachen. Das ist hier so, sagte der junge Mann lachend. Wie in der Steppe. Er wusste nicht, wohin die Pferde nachmittags verschwanden, wo sie ein Nachtlager hatten, einen Unterstand bei schlechtem Wetter.

M. fand ungläubigen Gefallen an dieser Erklärung. Die Pferde und ihre Geschichte abwechselnder Freiheit und Gefangenschaft wurden zum täglichen Thema. M. erinnerte sich an seine Begeisterung beim Anblick der heimkehrenden Kuhherde in einem rumänischen Dorf vor vielen Jahren. Die Kühe fanden unbegleitet eine jede ihr heimisches Tor und stießen wummernd und brüllend den Kopf dagegen, bis sie eingelassen wurden. Soviel selbständige Entschlossenheit hatte M. überrascht. Kühen hatte er das nicht zugetraut.

In Kurortne galt M.s erster Blick aus dem Fenster am Morgen den Pferden. Waren sie vom Balkon unseres Zimmers zu sehen oder nicht? Wenn wir sie nicht sahen, versuchte M. an den Spuren ihrer Hufe und Haufen abzulesen, wann sie wo entlanggegangen waren. Wo hielten sie sich nachts auf? Eines Nachmittags sahen wir sie durch das kleine Tal wandern, von dem wir inzwischen wussten, dass es zu der Datschensiedlung am Eingang des Naturschutzgebietes führte und von dort aus in die Ausläufer des Karadag.

Bei Oliphant finden Pferde hier und da Erwähnung. Es gibt Maultiere, Esel, den gelegentlichen Postkutschengaul, Kamele, doch den beschwerlichen Weg über den Baidar-Pass machte Oliphant auf geliehenen Tieren, die er mal Ponys, mal Pferde nennt und die er auf rüde Weise beim Abstieg zur Küste auf steilen Geröllhängen ihrem Schicksal überlässt. Die Pferde, die wir in Kurortne trafen, hätten sich gewiss die schmalen Beine gebrochen. Sie hatten etwas von halbheimisch gewordenen Irrgästen an sich oder vom Zubehör – aus werweißwelchen Gründen zurückgelassen – einer anderen Realität. Vielleicht aus einem Film, mutmaßte M.

An den raureifigen Morgen sorgte die Kupferhaarige sich um die Hunde und mühte sich mit weiteren Verschlägen ab, zerrte Planen aus ruhenden und im Stich gelassenen Hausbaustellen und versuchte, sie zwischen die Eisenträger eines rostenden Gerippes zu spannen, das in einer Betonplatte verankert war. Vielleicht hatte es ein Laden werden sollen oder ein Billiglokal, es sah nicht so aus, als hätte es noch eine andere Zukunft als die einer improvisierten Schutzhütte für Streunerhunde.

Der ganze Hang stand im Zeichen von Vorhaben. Manche gelungen oder zumindest allem Anschein nach der Vollendung nah, andere fehlgeschlagen und aufgegeben. Es gab mehrere fertiggestellte Pensionen und kleine Hotels in der Nachbarschaft, die meisten in auffallenden Pastelltönen angestrichen, minzgrün und himbeerrosa, hellgelb, alles mit Weiß abgesetzt und gekrönt mit einem Dach aus glänzenden Ziegeln in Blau, Grün oder hellem Rot, ehrgeizige Verstöße gegen diese mattfarbene Gegend, osteuropäische Interpretationen gängiger westeuropäischer Hübschheitsvorstellungen und damit eine in jedem Winkel berechnete und vorgestanzte Kampfansage an diese alte Landschaft langsam atmender Rundungen und Kanten. Das Gescheiterte, Aufgegebene überwog bei den Vorhaben und lag zum Teil schon der ebenfalls langsamen Wildnis überlassen da. Nichts hier wuchs schnell, das sah man den Bäumen, Büschen und Sträuchern an, die kümmerlichen Koniferenschösslinge, das zähe Gestrüpp, das dünnhalmige Gras, ja sogar die in anderen Gegenden kaum zu bändigenden Essigbäume, alles hier streckte seine Wurzeln, Zweige und Ranken unter Überwindung steiniger Hindernisse aus, war dafür jedoch sicher zäh und langlebig. Die Zerrüttungsarbeit übernahmen nicht die Gewächse, sondern die Witterung. Salzluft, Wind, Regen, Sonne. Es war eine Gegend aus Stein, an dem sich diese Witterung zu schaffen gemacht hatte. Die felsigen Gipfel und Hänge waren schartig und zerfurcht, gespalten, gekerbt, gezinkt, geschliffen. Die Spitzen, Vorsprünge und Nasen hatten Formen, die an menschliche Körperteile erinnerten, an Gesichter, Hände, Arme, Beine und Hinterteile, an Tierschädel, spitze Schnauzen und platte Mäuler, an springende Böcke, schleichende Füchse, schlafende Bären. Betrachtete man eine felsige Fläche aus der Nähe, war alles Zeichnung und Schrift: kein Stück Fläche, auf dem nicht etwas von Salz, Licht, Wasser und Luft geritzt, gekritzelt und gestößelt stand, was man für Lesbares halten konnte, in dessen Entzifferung man nur unterwiesen werden musste.

Doch eine solche Unterweisung blieb aus und trotz der Ahnung von Lesbarkeit und Botschaften auf Schritt und Tritt konnte ich mir keinen Reim auf die Dinge machen. Nicht auf das Nebeneinander von spurenübersäten Felsen und rissigem, verworfenem

Beton, auf das Kreuz und Quer von Rostendem in allen Größen und Formen neben pastellfarben verkleideten Heimeligkeiten und nicht einmal auf die Menschen, die spärlich die Straßen bevölkerten, wenn wir spazierengingen. Das Leben dieses kleinen Ortes war mir rätselhaft. Außer in dem Hotel und in den leeren Läden, wo gelangweilte Verkäuferinnen die Theken und Regale hüteten, sah ich niemanden bei einer Arbeit. Die Männer, die am Strand angelten, hatten nicht einmal ein Gefäß für möglichen Fang neben sich. An seltsamen Stellen – etwa auf einer rissigen Mole – rotteten sich kleine Männergruppen um geöffnete Motorhauben alter Autos zusammen, doch sie taten nichts. Sie schüttelten die Köpfe, wechselten Worte, gestikulierten ein wenig, doch Werkzeug war keines in Sicht. Nichts schien einem Zweck anzuhängen. Auch die Tiere, die in größerer Zahl auftraten als die Menschen und denen die geschichtenlosen Bedürfnisse an Gesicht, Bewegung und Lauten abzulesen waren, spannen in ihren leisen Streifzügen Fäden, die ein rätselhaftes Muster ergaben. Die Rätselhaftigkeit der Tiere wollte ich gern ihrem Zwischenzustand zwischen zahm und wild zuschreiben. Die Pferde wirkten ratlos und zerstreut, wandten sich hierhin und dahin, standen manchmal unbeweglich vor einem besonders schönen Hintergrund. Warteten sie womöglich darauf, beim Schopf gepackt und ins Geschirr genommen zu werden? Würden sie sich dann fügen oder widersetzen? Sich mit willig gesenktem Kopf einspannen lassen oder unter fast verlerntem Wiehern aufbäumen? Ihr Gelände war klein, sie hielten sich an die Nähe der Menschen, der Uferpromenade, doch waren wir sicher, dass sie bei den kleinen Datschen schliefen, in der Talsenke am Fuß des Bergs, von dort sah man durch hohes Herbstgras ein Stück vom Meer.

Die Hunde wären ohne die Kupferhaarige und Lenas Küchenmalheurs verloren gewesen. Nach ihrer Morgenmahlzeit probten sie auf den Erhebungen, wo die Pferde gerne grasten, Wildnis, sie knurrten und bellten uns von dort oben an, hinter den Knurrern winselte ein Tier erbärmlich und durchdringend, als würde es von seinen Artgenossen malträtiert. Der Anführer dieser aus dem erhöhten Hinterhalt lauernden Bande bei ihrem Wildnisspiel war stets derselbe, ein schwarzer Hund mit großem flachem Schädel, in dem wir den gepflegtesten der Meute zu erkennen meinten, die wir von unserem Zimmer aus morgens beobachteten. Er bewegte sich mit der Sicherheit eines Tiers, das noch irgendwohin gehört. Noch eine Art Option in der Hinterhand hat. Eine kleine Hütte, in die es kriechen kann, einen Schuppen, in dem ab und zu Fressen steht. Wir sahen ihn nie aus einer der Schlafmulden kriechen, in denen die Hunde aus seinem Gefolge nächtigten.

Vor dem Hintergrund dieses unentschlossenen und schwer zu deutenden Streifens und Streunens der Pferde, Hunde, Katzen sahen wir Lena und die Kupferhaarige bei einem Grüppchen Frauen stehen, die wir am Morgen beim Fegen der Promenade und der Wege des Kurparks beobachtet hatten. Wir sahen ein paar alte Männer mit zerfurchter brauner Haut und hoher Mütze, Tataren, die zwischen einer Teestube und ihrer Wohnung in einem älteren Wohnblock hin und her schlurften. Auf einer kleinen Straße am Hang, in der Nähe der Pension sahen wir eine alte Frau, die in ihrem unerklärlicherweise tiefer als die Straße gelegenen Garten wirtschaftete und ihre zotteligen Ziegen frei herumlaufen ließ. Die Ziegen weideten zwischen Gerümpel auf dem Hang. Gelegentlich lauerten sie hinter einem rostenden Container Fußgängern auf, sprangen ihnen meckernd in den Weg und machten Anstalten, ihre Hörner im Kampf einzusetzen. Sie stürmten auf M. zu, er erschrak, lachte trotzdem, drehte sich im Kreis. In Zukunft würden wir einen Stock mitnehmen, um sie zu verscheuchen. Sie stoben davon, die Alte im Garten fluchte in unseren Rücken, wir würden sie um die Milch ihrer Ziegen bringen. Hinter dem Zaun in ihrem abgesackten Gärtchen sah die Alte auch im Schimpfen weniger böse aus als im Stich gelassen.

Sie blickte durch das schiefe Gitter wie aus einem Gefängnis, von dem sie noch nicht wusste, dass es an mehreren Stellen offen war, dass es Aus- und Durchschlüpfe bot, zum benachbarten Rohbau und mit kleiner Mühe auch hinaus auf die Straße, die die Marschrutkas nahmen. Die Alte war umringt von kümmerlichem Gestrünk. Warum lag ihr Garten so tief? Beackerte sie eine Erde, die Wind und Wetter unversehens und blind auf die erste, verlassene Schicht eines Gebäudes getragen hatte, zog sie sich ihr Armutsgemüse auf dem Kellerestrich einer geplanten Villa, die wie so vieles hier einfach in der Entstehung aufgegeben worden war? Im Stillen wünschte ich der Alten bessere Tage und glückliche Ernten, trotz ihrer Verwünschungen.

Fast nie sahen wir Kinder, entdeckten auch keine Schule in Kurortne. An der einen Marschrutka-Haltestelle ausgangs des Ortes saß eine Frau mit einer Tafel, auf der Ikonen abgebildet waren und das Bild eines bärtigen Priesters. Sie predigte in gleichmütigem Tonfall von der Schlechtigkeit der Welt und dem Heil, das der Bärtige versprach. Auf der Bank der Haltestelle in die Gegenrichtung hielt eine Zeugin Jehovas wortlos Wacht und bot ihre Blättchen feil. Einmal hörte ich im Vorübergehen zu, wie ein junger Mann die beiden in ein Streitgespräch verwickelte. Er lungerte an der Haltestelle, an der die Marschrutkas zur *Biostanzija* hielten, sein Fahrtziel konnte also nicht weit liegen, kein großer Aufbruch stand ihm bevor. Der junge Mann klirrte nervös mit Schlüsseln und Münzen in seinen Hosentaschen und trat von einem Fuß auf den anderen. Er sah müde aus, die Haare trug er so kurzgeschoren, dass der Schädel kahl wirkte. Man merkte ihm die Lust auf einen Kampf an, doch bei den frommen Frauen an der Haltestelle kam er nicht weit oder er hatte keinen Mut, und sein heiseres »Macht die Welt doch besser, indem ihr verschwindet« kroch ihm plattgeknurrt von den Lippen und fiel lautlos in den Straßendreck, ohne dass die beiden Frauen mit der Wimper zuckten.

M. und ich gingen weiter. Der Ort fügte sich in diese Beuge der Landschaft. Es gab keine Ausläufer und Ausreißer längs der Straße ins Inland. Hier war den Erbauern die Lust an Palästchen vergangen oder noch nicht gekommen. Den Ortsausgang – oder -eingang – , ein breites Stück Straße, als kämen hier etliche Wege unentschlossen zusammen und wollten erst einmal nur Platz sein –, säumten ein alter Wohnblock mit einem Geschäft im Erdgeschoss und ein Neubau aus Reihenhäusern gegenüber. Der alte Wohnblock war grau, die Balkone mit kleinen Kunststoffbuntheiten versehen, durch den Putz liefen Risse, ein Gewirr von Kabeln führte zu einem Strommast. Alte Männer in Bastpantoffeln standen vor dem Geschäft und tranken aus Flaschen. In einem Hof warf sich ein Hund wie rasend vor das Blechtor, von dem sich mit jedem Aufprall kleine Rostschuppen lösten. Schräg gegenüber lag die neue Anlage, Reihenhäuser oder Wohnungen, vor jeder Einheit ein Tor mit Gegensprechanlage. Kein Mensch war zu sehen, weder Wächter noch Umrisse und Schatten hinter den dunkel verspiegelten Fenstern. In den Vorgärten standen glanzblättrige Büsche, die ihre letzten Blüten verloren. Sie sahen nicht einheimisch aus. Hinter dem alten grauen Wohnblock erhob sich ein schöner Felshang mit grünen und roten Kriechpflanzen. Über dem kleinen Tal zwischen Abhang und Haus kreisten zwei große Vögel.

Wir wollen mehr von der Krim sehen. Hinterland. Steppe, Städte vielleicht. Auf nach Feodossija. Einiges Hin und Her der Ratschläge und Informationen im Hotel, als wir uns nach den öffentlichen Verkehrsmitteln erkundigen. Die Marschrutkas fahren am Eingang des Naturschutzgebiets ab, ein oder zwei Mal pro Stunde. Die Fahrzeuge sind meistens schlammbespritzt und sehen nach sowjetischen Gepflogenheiten und Zeiten aus, doch da kann ich mich irren. Vor zwanzig Jahren kursierten in Polen ähnlich abgehalfterte Minibusse als Errungenschaft der postkommunistischen Ära. Wir fragen nach Fahrplan und Haltestellen. Lena gestikuliert. Abwarten! Die Hotelmanagerin mischt sich ein, schließlich bietet sie an, uns ein Stück mitzunehmen. Sie hat etwas zu erledigen, kann uns mitnehmen bis zur Hauptstraße nach Feodossija, dort gehen ständig Marschrutkas in verschiedene Richtungen.

Sie fährt schnell und schlecht. Redet pausenlos. E. und ich auf dem Rücksitz. Auf dem Beifahrersitz eine junge Frau, die zum gehobenen Personal gehört. Gehoben heißt, sie gehört nicht zum Putztrupp. Sie macht sich mal in der Küche zu schaffen, mal in dem kleinen Büro. Wir wissen nicht, wie sie heißt. Die Hotelbesitzerin heißt Nadja. Sie redet ununterbrochen, lacht, fuchtelt mit den Händen, dreht sich in der Kurve zu uns um. Ich fürchte um mein Leben, das ich hier nicht lassen will.

Zum ersten Mal haben wir jetzt einen Eindruck der Inlandslandschaft bei Tageslicht. Gleich hinter dem Ortsausgang beginnen Weinfelder. Jetzt ist Weinernte, am Straßenrand stehen alte Lastwagen, die Trauben werden aus Sammelkörben auf die Ladefläche gekippt. Ist das schon Sonnentalwein? Nein, das Sonnental ist Richtung Sudak. Aber sehr guter Wein, versichert uns die Hotelbesitzerin mit einem lässigen Wink und Blick nach hinten, auf die Weinfelder zu, die hinter uns zurückbleiben.

An der Abbiegung zum nächsten Dorf liegt ein Friedhof. Beruhigend zu sehen, dass es einen Ort gibt, wo die Kurortnojer begraben werden. Es sieht bunt aus, wie in Ungarn um Allerheiligen. An den Metallkreuzen hängt Schmuck aus Plastikblumen. Frauen gehen zwischen den Gräbern umher, was wären die Friedhöfe ohne Frauen, die jätenden und harkenden Frauen.

Die Straße verläuft jetzt zwischen hohen Bergen, die sich vor Koktebel zu einer leicht gewellten Steppenlandschaft öffnen. Die Steppe! Wir sind also schon durch Steppe nach Kurortnoje gekommen, das war die dunkle Weite, in der wir das Meer vermuteten. Ich hatte mir die Begegnung mit diesem Inbegriff von *Osten* anders vorgestellt, vielleicht mit Karl Emil Franzos im Rücken von einer letzten Erhebung aus auf dieses Auslaufen Europas zu blicken.

Bei der Durchfahrt gefällt mir Koktebel. Es ist eine Art Straßendorf mit Weingärten, zusammenhängender als Kurortnoje, von der Hauptstraße gehen unbefestigte Wege ab, auf denen einzelne Hunde streunen. Hunderudel sind nicht in Sicht. An einigen Ecken sind Marktstände aufgebaut. Vom Meer sieht man nichts, trotzdem strahlt die Stadtmitte etwas von Badeort aus. Vielleicht wegen der vielen hellblau gestrichenen Türen und Gitter. Das Land hinter Koktebel sehr karg, öde in diesem grauen Licht. Die weite Bucht. Wir passieren ein rostiges Gebilde, in dem sich der Schriftzug *Koktebel* über die Straße spannt, als sei das der Eingang zu einem Vergnügungspark. Ein Schild zeigt nach rechts, auf eine Siedlung ausgangs der Bucht. Ordschonikidse.

Wir erreichen eine große Kreuzung, hier müssen wir aussteigen. Rechts geht es nach Feodossija, links nach Staryj Krym. Die Hotelbesitzerin zeigt auf eine Marschrutka-Haltestelle ein paar Meter entfernt. Sie und ihre Begleiterin wollen hier Besuch abholen. Der Besuch steht schon bereit, offenbar ein Soldat auf Urlaub, im Tarnanzug, mit einem tarnfarbenen Rucksack über der Schulter. Die Begleiterin kreischt vor Freude, es ist ihr Liebster.

Nadia braust zurück nach Kurortnoje, ich bin froh, ihrem Auto entkommen zu sein.

Unten, in der weiten Bucht östlich von Koktebel, habe ich einen Ort erspäht, der weiß in einem Sonnenflecken liegt. Alles ringsum ist grau unter dem Wolkenhimmel, nur dieser Ort am Meer liegt in der Sonne. Welch ein Privileg. Dem Straßenschild nach ist das Ordschonikidse. Wir entscheiden uns gegen Feodossija und für Ordschonikidse. Der Name reizt uns, georgisch und sehr sowjetisch. Man könnte es zu Fuß schaffen. Ich stelle mir den Ort als ein sowjetisches Relikt vor, ein aus dem Boden gestampftes Musterstädtchen, wie ich es gerne einmal sehen würde. Rissige Wohnblocks, schwankend im Wind, schnurgerade Straßen voll Unkraut, vielleicht niemals ganz geteert, Zubehör vergangener Jahrzehnte wie Schilder, Gitter, Spielplätze. Irgendwo am Unterlauf der Donau haben wir einmal eine Weltraumrakete als Klettergerüst gesehen, aus hohem Gras ragte sie halbverrostet und von Kindern vergessen.

Wann wird Ordschonikidse erbaut worden sein, wann bekam es diesen Namen nach Stalins georgischem Mitstreiter, dem Kommissar der ukrainischen Volksrepublik, der wie so viele den Mitstreitertod starb, plötzlich und unerwartet. *Did he jump or was he pushed*? – eine müßige Frage.

Wir folgen einer kleinen Straße durch die leere Landschaft. Aus der Nähe sieht sie gar nicht mehr so leer aus. Man erkennt die Fundamente begonnener Baustellen, die das Gras schon mit Beschlag belegt hat, rostige Maschinen, kollabierte Gewächshäuser, eine kleine ausgediente Solaranlage wie am Karadag. Doch keine Pferde. Dabei hat man uns erzählt, dass die freilaufenden Pferde hier eine gewöhnliche Erscheinung sind. Eine Steppenerscheinung sozusagen, je weiter man in die Steppe kommt, desto mehr Pferde laufen herum. Wir gehen weiter, die Straße wird schlechter, irgendwann bricht sie

zu einer Art Trümmerstreifen ab, als hätte man versucht, sie aufzureißen und unpassierbar zu machen. Oder es kam dann doch nicht zu der geplanten Verbreiterung und Neuasphaltierung. Betonbrocken liegen zwischen gelblichem Gras und Wermut. Das Gehen wird mühsam. Ordschonikidse dort unten am Meer winkt unverändert hell beschienen, doch auch die Entfernung hat sich nicht verändert. Eine kaukasische Fata Morgana am Krimstrand. Nach Westen zu sehen wir den Karadag jetzt hinter Koktebel aufragen, ein Fingerzeig für uns. Wir kehren um. In einer breiten flachen Mulde, noch weit entfernt, stakst eine Trappenschar. Die Grau- und Brauntöne ergänzen sich, Vögel und Steppe tarnen einander. Die Vögel bewegen sich langsam schreitend, machen einen etwas verirrten Eindruck, als hätte es sie ohne ihr Zutun hierher verschlagen. Doch in Brandenburg schreiten die Trappen genauso durch das trockene Gras.

Oliphant beschreibt Trappen in der Steppe längs der Straße zwischen Simferopol und Kertsch. Der Anblick beeindruckte ihn fast so sehr wie die Kamele, die ihm begegneten, die schweren Trampeltiere. Ich frage mich, ob Trappen damals schon in England ausgestorben waren. Trappen gehörten zu den einheimischen Speisen, die Oliphant auf der Krim in Hotels vorgesetzt bekam. Ich habe noch nie von Trappenbraten gehört, könnte mir vorstellen, dass das Fleisch bitter ist.

Wir haben Glück, kaum sind wir auf der Straße nach Koktebel, hält eine Marschrutka, obwohl keine Haltestelle angezeigt ist. Jemand steigt aus, wir steigen ein. E. verhandelt kurz über den Fahrpreis, die Griwni sind noch ungewohnt, das Verkehrsmittel ebenso. Wenige Passagiere, alle mürrisch. Ein priesterlich aussehender Mann (ist es der Bart? die Kopfbedeckung?) liest in einem Gebetbuch, er bewegt die Lippen dabei. Niemand starrt uns an, Fremde sind sicher kein seltener Anblick. Die kosmopolitische Krim.

Als die Marschrutka losfährt, sehen wir die Frau, die mit einer großen Einkaufstasche ausgestiegen ist, den Weg hinuntergehen, von dem wir gerade kommen. Vielleicht geht sie auf Trappenfang.

Was sollen wir von unserem Ausflug berichten, wenn wir der Hotelchefin über den Weg laufen?

Am Abend erzählen wir dem Mann aus Kiew und Olga von unserer Unternehmung. Ordschonikidse! Warum das denn? Ausgerechnet Ordschonikidse! Doch niemand weiß, was für ein Ort es ist. Andere Gäste mischen sich ein. Einer behauptet, es sei eine abgeriegelte Forscherstadt gewesen. Ein anderer, es sei bloß ein Stadtteil von Feodossija.

Auf der Landkarte lässt sich der Ort leicht finden. Er ist mit einem kleinen Sonnenschirm gekennzeichnet, das heißt Badestrand. Ich suche nach Ordschonikidse im Internet. Es gibt etliche Orte dieses Namens in Russland, in Ossetien, in anderen ehemaligen Sowjetrepubliken. In Sotschi gibt es ein Kurviertel namens Ordschonikidse. Das müssen wir dem Mann aus Kiew erzählen.

Wir fuhren auch an großen Schwärmen von Trappen vorüber, die von unserem Anblick nicht im geringsten beeindruckt waren und nur wie zahme Tauben ein Stück beiseitetraten. Dabei staksten sie durch das trockene dünne Gras mit einem Ausdruck, als hielten sie es für eine große Vermessenheit unsererseits, sie auf ihrem eigenen Gebiet so zu stören. Später stellte ich fest, dass gebratene Trappe in den Hotels auf der Krim eine ganz geläufige Speise war, die sich als köstliche Mahlzeit erwies.

Die einzigen Erhebungen, die ich in der flachen Landschaft der Steppe beobachten konnte, bestanden aus Haufen von Wassermelonen. Nur wer eine längere Reise über Steppenland hinter sich gebracht hat, wird nachvollziehen können, was wir empfanden, als wir endlich die schönen gezackten Umrisse ferner Berge gegen den roten Abendhimmel erblickten; wir begrüßten sie erfreut ob der Aussichten, die sie verhießen: zum einen auf den Abschied von unserem derzeitigen Fortbewegungsmittel, zum anderen auf wahrhaft aufregende Landschaften, die nur darauf warteten, von uns erkundet zu werden.

5

Nachts las ich Tschechow in dem karg eingerichteten Pensionszimmer, und wenn ich morgens vom Balkon nach Westen schaute, dachte ich mir Tschechow nicht anders als mit den riesigen Felsen auf den Schultern, unter ihrer Last Worte über Ebenen aufs Papier keuchend.

Ich war mit einer spärlich markierten Karte im Kopf hierher gekommen, auf der neben Tschechow der unvermeidliche Puschkin verzeichnet war, dazu Mickiewicz' Krim-Sonette, Marina Zwetajewa in Feodossija, Mandelstam in Koktebel, stets befasst mit dem Bogen von den Weißen Nächten des kalten Nordens zu diesem blauen, warmen Land, das unzerreißbare Fäden zur Antike bereithielt. An diesen Fäden ließ sich Russland vor die Wiege der Kultur spannen, an Hellas anbinden, der Bauer im nördlichen Schnee zähmen. Mehr Licht!

M. hatte andere Karten vor Augen als ich, unsere Landschaften überschnitten sich wenig. M. war mit Namen im Gedächtnis hierher gereist, die ich nur mit Londoner Wohnstraßen und Pariser Metrostationen verband. Inkerman, Sébastopol, Alma. Namen aus dem Krimkrieg, die für mich zu den beschaulichen Sträßchen in London gehörten, in deren Nähe wir viele Jahre wohnten. Für mich lag der Krimkrieg als ein abgerissenes Panoramastück zwischen Roger Fentons Fotografien – Landschaft mit und ohne Kanonenkugeln – und der in meiner Vorstellung stets leidensfrohen Florence Nightingale, die vor Guttun blass und durchsichtig gewesen sein musste. (In Wirklichkeit war Organisation mehr ihre Stärke als Hingabe, wie M. mir erzählte.) M. hingegen hatte Bücher gelesen und Landkarten studiert, sich Namen in Erinnerung gerufen und gelegentlich nach kurzem Grübeln Tennyson zitiert, Lieder, die ich nicht kannte, Verse. So saßen wir in Kurortne, wo das Gebirge sich anschickte, in Steppe überzugehen, und blickten auf das graue Schwarze Meer, jeder mit seiner Krimwelt im Kopf. Unterdessen hatten wir beide Filmszenen vor Augen, die wir unter dem Stichwort Krim gespeichert hatten, ohne überhaupt zu wissen, was davon wirklich zur Krim gehörte. Und wir kannten beide die Fotos der »Krymskaja Fotomania« von Boris Mikhailov mit ihrem Hang zur knapp unscharfen Körnigkeit und leichten Unterbelichtung, Stein, Körper, Wasser, Betontrümmer, eine Restelandschaft im Licht der Meerundfelsen-Ewigkeit, Sowjetidyllen des Untergrunds auf Urlaub.

Zwischendurch lasen wir in diesen Tagen abwechselnd in Oliphants Beststeller aus den 1850ern. Wir versuchten, seine Wege auf der Karte zu verfolgen, stellten fest, dass er auf der gleichen Straße zwischen Feodossija und Simferopol gereist sein musste, über die wir in der stürmischen Nacht gekommen waren.

Irgendwann legte sich der Wind. Die Straßen von Kurortne, den Strand, das Umfeld des Delfinariums hatten wir gründlich erkundet. Feodossija winkte, noch ferner auch Kertsch, das ich gern gesehen hätte, nicht nur Oliphants Beschreibung wegen. Dem Kimmerischen Bosporus, der Meerenge von Kertsch, dem Asowschen Meer haftete etwas Mythisches an, Taganrog, Rostow am Don, Tschechows Steppe grenzten an diese kleine seichte See. Die Straße nach Kertsch stellte ich mir gesäumt von Steppe vor, deren Grenze zum schilfigen Meer dem bloßen Auge verschwamm.

Wir brachen zu einem Ausflug in der Marschrutka auf. Die Straße, die aus Kurortne hinausführte, wand sich zwischen Gärten, Weinfeldern, Felsen und an einem mit bunten Plastikkränzen geschmückten Friedhof durch die letzten Berge der Küste.

Wir betrachteten den Friedhof aus dem Fenster der Marschrutka, eine farbige Insel hinter einem Eisenzaun und einem Wiesenstreifen. Frauen wanderten über den Wiesenstreifen zu den Gräbern, wir erkannten die orthodoxen Metallkreuze, die anstelle von Grabsteinen standen, die grellen oder vom Wetter ausgebleichten Gestecke, die um die Kreuze hingen und auf Gräbern abgelegt waren. Der Friedhof stach von der Landschaft aus Fels, Staub, fahler Wiese und Weinfeldern ab. Die Frauen, die sich auf ihn zu, von ihm fort bewegten, gingen leicht gebückt, als sei das die gebotene Haltung in Friedhofsnähe. Die Gebücktheit passte zur Fahlheit des Grases und dem Eisenzaun, auf der Straße würden sie wieder ganz aufrecht gehen. Wie starb man in Kurortne? Wie viele starben dort, im Monat, im Jahr? Ich versuchte mir eine Beerdigung vorzustellen, den Popen in diesem blassen Herbstlicht mit dem Kreuz, doch möglicherweise trug hier gar nicht der Pope das Kreuz. Vielleicht gab es Ministranten oder Männer in schlecht sitzenden Anzügen, die bei Beerdigungen verschiedene Funktionen erfüllten. Der Sarg würde auf einem Karren liegen, es war vorstellbar, dass man eines der frei grasenden Pferde einfangen würde, um den Karren zu ziehen. Wir nahmen uns vor, den Friedhof zu besuchen, eines Tages diese wenigen Kilometer bis zum Friedhof an der Straße entlang zu laufen, vorbei an einem kleinen Kieswerk und den Weinfeldern. Bis fast zum nächsten Dorf, das sich mit Kurortne den Friedhof teilen mochte.

Nach einigen Kilometern überwand die Marschrutka einen Hügelkamm und durch die schmutzgetrübten Fensterscheiben sah man den Rand der Bucht von Koktebel im Süden und nach Osten und Norden eine merkwürdige Landschaft aus Mulden und Wülsten, vulkanisch, aber weich, als hätten Riesenhände sie nach Ausbrüchen beschwichtigt und geglättet. Doch die Riesenhände hatten dabei die Erde davongestreichelt und nichts wuchs mehr auf diesen Flächen, auf die Wolken ihre Schatten warfen.

Beim Blick zurück erkannte man dann durch die Schichten aus abgelagertem Atemdunst, Staub und getrockneten Schlammspritzern auf den Autoscheiben, wie sich die Felsenlandschaft auf der Ostseite des Karadag, bei Koktebel, zum sanft gewellten Karst wandelte. Nicht nur das Meer, auch das Land war blau, *kök* wie die Farbe im tatarischen Ortsnamen *Köktöbel* heißt, ein Karst- und Steppenblau, das in unzählige andere Grün- und Grautöne spielte.

Hinter einem Marktstand, wo Obst und Nüsse hinter einer altmodischen Waage kleine Hügel bildeten, bemerkte ich einen Wegweiser zum Voloschinhaus, konnte aber in der zum Meer führenden Gasse, in die das Schild zeigte, nicht viel mehr als Pfützen und ein paar Hunde erkennen. Maximilian Voloschin, der Dichter des Symbolismus, hatte sich nach der Revolution nach Koktebel zurückgezogen und bot dort, halb Gönner, halb Prophet, Dichterfreunden mit Schwarzmeersehnsucht und Schutzsuchenden sein Haus als Obdach an. Mandelstam, Zwetajewa und Bely hatten hier Monate verbracht. Nach Süden aufs Meer geschaut, auf den Karadag im Westen und die karge Hügel- und Kraterlandschaft nach Osten, hinter der die Steppe begann. Voloschin selbst entwickelte hier seine Visionen von einer mythischen Krim unvordenklicher Zeit, in der Natur und Kultur miteinander verwoben waren. Niemand weiß mehr, wer – Voloschin selbst, seine Anhänger oder seine späteren Verehrer – die Behauptung aufstellte, Voloschins Profil sei das verkleinerte Spiegelbild eines Hügelkamms, den man von Koktebel aus im Osten sieht.

Vor einem größeren Geschäft hielt die Marschrutka, mehrere Leute stiegen zu. Die Fahrt ging weiter, aus dem Ort hinaus. Die Landschaft wurde weit, rechts sah man in der Ferne das Meer, links eine riesige tiefe Senke. Alles, was sich auf der Oberfläche abzeichnete – Pflanzen, Pfade, Masten, Schatten, die die Wölbungen und Erhöhungen trotz der Abwesenheit von Sonnenlicht zu werfen schienen –, wirkte wie aufgebracht, aufgetragen, eingeritzt und eingeschrieben, ein Gelände, dem anbefohlen war, etwas zu sagen. Vielleicht hatte Voloschin hier abgelesen, was er in seinen späten Jahren aufschrieb. Die Marschrutka rumpelte über die unebene Straße, der mürrische Fahrer drehte das Radio lauter, die Fahrgäste hielten sich an ihren Taschen, Kübeln, Körben fest. Wenn sich zwei unterhielten, taten sie es leise. Kein Anstarren Fremder, dafür wirkten die Passagiere insgesamt zu unzugehörig, zu verschieden, zu sehr mit dem beschäftigt, was sie auf diese kurze Reise nach Feodossija führte. Mitten in der leeren Landschaft hinter dem Städtchen spannte sich ein Torbogen über die Straße, ein Eisenrahmen, in dem sich der Name der Stadt Koktebel in filigranen Buchstaben gegen den Himmel abzeichnete: Willkommen in Koktebel, Pforte zur romantischen, malerischen Krim. Vielleicht leuchteten in den lauen Nächten der Saison bunte Lämpchen in der Schrift, in der Nacht unserer Ankunft war es sicher nicht so gewesen.

Kurz darauf bog der Bus auf die große Straße von Simferopol nach Feodossija ab. Die meisten Fahrzeuge auf dieser Strecke waren alte Lastwagen und Marschrutkas. An jeder Haltestelle gab es jemanden aufzusammeln, Frauen mit kleinen Kindern, frierende Schulmädchen in rosabunten dünnen Anoraks, alte Männer in traditionellen Fellmützen und Lederjacken, die wohl etwas zum Markt brachten, Eimer mit kleinen, matten blauen Trauben und Körbe mit braungrauen Walnüssen. Rechts und links der Straße erstreckten sich Land, Felder, Sumpfland, mit grauem Gras bewachsene Streifen. Das war der Anfang der Steppe, die Oliphant in dem Bericht von seiner Fahrt in Richtung Simferopol im rumpelnden Tatarenkarren mit Verdeck als so melancholisch leer und eintönig beschreibt, staubig, überzogen mit einem Kraut, das er wilden Thymian nennt, wahrscheinlicher war es Wermut. Wo Oliphant ein gelegentliches in Staubwolken gehülltes Kamel erblickte, das als Lasttier vorüberzog, sah man jetzt verschmutzte

Autos in den Höfen von Gebrauchtwarenhändlern stehen. Im Hintergrund weideten vereinzelt Kühe, die auf den weiten grau-grasigen Wiesen verloren aussahen.

Eisiges Wetter. Böen und Regenschauer, scharf wie Hagel. Der Karadag dunkelgrau gegen grauen Himmel. Am Horizont (auch sehr grau) verkehren jetzt mehr Schiffe, gelegentlich auch ein mittelgroßes Boot, vielleicht ein Fischerboot, in größerer Nähe zur Küste. Gibt es hier Fischer? Noch habe ich nichts entdeckt, was darauf hinweist.

Keine Pferde weit und breit. Vielleicht sind sie in ihrem Nachtversteck geblieben. Heute keine Lust auf Meerblick. Dafür schleichen viele Hunde herum, bedrückt und armselig. So wird der Winter. Eine Frau bringt ihnen Fressen, Plastikschalen mit Resten gefüllt. Überbleibsel vom Hotelessen, gestern Abend war es ungenießbar. Die Hunde sind halbwegs gesittet in der Nähe der Frau, sobald sie sich zum Gehen wendet, beginnt der Kampf ums Fressen. Wohin ist der Semmelhund verschwunden?

Ich lese in Oliphant. Vor der Krim war er in St. Petersburg, in Moskau, an der Wolga. Eine gewaltige Reise. Er interessiert sich für wirtschaftliche Fragen, aber auf eine oberflächliche Weise, nicht wie ein Handelsreisender. Er schreibt mit diesem herablassenden Witz der Engländer, die meinen, alles sei ihnen unterlegen. Für alles hat er Verbesserungsvorschläge. Doch er macht interessante Beobachtungen. Zum Beispiel über das Vorgehen beim Eisenbahnbau. Er unterstellt den Russen, nur im Hinblick auf die Armee und raschen Truppentransport Schienenwege zu bauen. Russland als kriegsorientierte Nation. Oliphant bemängelt die Streckenführung, die Wahl der Häfen, die allgemeine Trägheit. Nichts in Russland diene dem allgemeinen Wohl, dem bürgerlichen Gedeihen, der Vermehrung des Wohlstands der Menschen, dem Unternehmergeist. Von der Bedeutung der Eisenbahn für die russische Literatur konnte Oliphant noch nichts wissen, wahrscheinlich hätte es ihn auch nicht interessiert. Schienentragödien auf freiem Feld, an abgelegenen Bahnhöfen, das wäre Oliphants Sache nicht. In Ungarn, wo die Bahnhöfe auffallend weit von den Stadtzentren entfernt liegen, behauptete man auch gerne, die Schienen seien so gelegt, dass Kriegsvorbereitungen möglichst unbemerkt getroffen werden konnten.

Oliphants Sympathie gehört nicht den Russen. Er ist sehr deutlich in seiner Abschätzigkeit, geradezu verachtend. Die Russen sind faul und dumm. Den Tataren begegnet er mit größerer Freundlichkeit, ebenfalls den anderen ethnischen Gruppen (Juden, Griechen, Armeniern, auch den Deutschen). Oliphant verrät wenig Neugier, eher eine Informationsbegier. In der Landschaft interessiert ihn das Spektakuläre, im täglichen Leben der wirtschaftliche Erfolg.

Ob Oliphant Pallas gelesen hat? Peter Simon Pallas, der in den siebziger Jahren des 18. Jahrhunderts zu den Gelehrten gehörte, die im Auftrag der Zarin Katharina Sibirien bereisten, beschrieben und sozusagen katalogisierten, machte in den Jahren 1793/94 eine Erkundungsreise auf die Krim. Seine ausführlichen Aufzeichnungen wurden als illustrierte Reisebeschreibung veröffentlicht, das Buch wurde in mehreren Sprachen ein großer Erfolg, auch auf Englisch. Pallas' Werk war in zwei Bände aufgeteilt: Der erste enthält die Darstellung der Hinreise, die von St. Petersburg über Moskau in großem Bogen bis zur Wolga und zurück am Don entlang auf die Krim führt, der zweite Band ist ganz der Krim gewidmet, die Pallas in Briefen nach Deutschland noch Taurien nennt. Auch Oliphant widmet dem Weg von St. Petersburg über Moskau bis Saratow und dann an Wolga und Don entlang bis Rostow mehr als die Hälfte seines Reisebuches, obwohl im Titel nur von der Küste des Schwarzen Meers die Rede ist. Doch der Titel war möglicherweise schon im Hinblick auf ein kriegsinteressiertes Lesepublikum gewählt. Von diesem großen Bogen der Hinreise abgesehen gibt es allerdings kaum Parallelen zwischen den beiden Beschreibungen. Oliphant betrachtet die einzelnen Volksgruppen zwar mit einer gewissen offenen, wohlwollenden Neugier, ist aber mehr an sich, an seiner Rolle und an Bewertungen interessiert als an einer offenen Beobachtung von Land und Leuten. Pallas hingegen hat ein selbstloses Interesse an Steinen, Tieren und Pflanzen. Und an den Menschen, ihren Bräuchen und Lebensweisen. Allerdings auch nicht ohne Interesse an der Ökonomie. Doch Pallas war ein akribischer Gelehrter – im Zarenauftrag. Benennen von Natur als eine Form der Besitzerklärung. Oliphant war ein Mann auf Erkundungsfahrt. Vielleicht auch mit Auftrag.

Zweite Frage: hatte Oliphant Custines »Russland im Jahre 1839« gelesen? Ein markanter Unterschied: Custine hat den Ausspruch vom Tataren geprägt, der zum Vorschein kommt, wenn man am Russen kratzt. Er war entsetzt von dem, was ihm in Russland begegnete, von Armut, Unterjochung und Willkür, aber er sah das Elend im »Asiatischen« begründet, im Mongolen- und Tatarentum. Bei Oliphant ist es umgekehrt: Er empfindet die Tataren als den Russen weit überlegen in Kultur und Zivilisation. Für Oliphant ist das Russische das eigentlich Dunkle und Dumpfe. Der dunkle Rand Europas, aus englischer Sicht. (Ich erinnere mich an Gespräche in England, vor wenigen Jahren noch, in denen man Polen für den äußersten Osten Europas hielt. Russland war eine Art dunkler Zwischenzone zwischen Asien und Europa, wobei Asien vor Mitteleuropa der Vorzug zu geben war.) Ob es die Vertrautheit der britischen Kolonialmacht mit dem – unterworfenen – Orient war, die diese andere Gewichtung bewirkte? Der Orientale/Asiate ist »berechenbarer«, weil im Umgang bekannter als der Russe? Womöglich wollte Oliphant (vielleicht mit Auftrag, und schon eingeweiht in Kriegsplanungen?) auch bei den Lesern keinesfalls Sympathie für Russen aufkommen lassen. Die zweite Auflage – im Jahr nach der Reise und schon nach dem Aufbrechen des Konflikts zwischen Russland und der Türkei erschienen, man war damals kaum weniger schnell und aktuell als heute – ist erweitert um ein Kapitel mit ganz unverhüllten Spekulationen über russische Kriegsführung und die unlösbaren Probleme Russlands mit seinen *Mahomedan subjects.*

Custine nannte die Russen »das Volk der Nachahmer«. Das passt – nebenbei gesagt – zu der Architektur von Kurortnoje. Aber wir sind ja in der Ukraine.

Im Hotel sind Gäste aus Babelsberg angekommen. Sie haben gerade eine Fahrt nach Kertsch hinter sich. Das ferne Kertsch. Für einen Ausflug an diesen südöstlichen Zipfel der Krim, von dem aus man Russland sieht, würden wir ein Leihauto brauchen, wie sich herausstellt. Sie erzählen von ihrer Fahrt im Regen. Wie flach und bäuerlich das Land zwischen Feodossija und Kertsch ist, weite Felder, Gänsescharen, kleine Dörfer, abseits der Hauptstraße unbefestigte Wege im Schlamm. Vor meinen Augen sehe ich Szenen wie

aus einem Film von Béla Tarr. Kertsch selbst adrett, touristisch hergerichtet mit Vergnügungspark und sogenannten Attraktionen, großem Hafen, Tempel, Ausgrabungen. Auch Jenikale darf nicht fehlen, die Festung mit den markanten Türmen. Auf einer Anhöhe das Heldendenkmal, zum Gedenken an die Schlachten, die 1942/43 um Kertsch geführt wurden und in denen die Deutschen keine Grausamkeit unversucht ließen. Eine heilige Stätte sowjetischen Heldentums. Im grauen Regen und Nebel war Russland wohl auf der anderen Seite der Meerenge nicht auszumachen.

Kertsch war lange eine italienische Enklave. Die Fischer von Kertsch statt von Capri. *Red Sails in the Sunset*. Ob es noch einen italienischen Friedhof gibt? Die Legende von Garibaldi als Schwarzmeermatrose kursiert angeblich immer noch.

Kertsch werden wir aus dem Programm streichen müssen. Zu weit, zu schwierig.

Jenikale sieht aus wie eine heruntergekommene Stadt am Ufer des Roten Meeres. Die Mauern der Festung, die steilen Felsen, die verfallenden Häuser und das stille Meer hatten alle mehr oder weniger die gleiche stumpfe Farbe. Die vielfältigen Trachten jedoch, die wir zu sehen bekamen, als wir die schmale ostwärtige Straße hinaufschlenderten, nahmen der Atmosphäre etwas von ihrer Düsternis und gaben uns das Gefühl, tief in Asien zu sein. Die weiten, um die Knöchel zusammengefassten Hosen, die ausgeschnittenen Oberteile und fließenden Kopfschals der Frauen, das alles stand in angenehmem Gegensatz zu den hochtaillierten ausgestellten Röcken der Russinnen. Die türkischen Pantoffeln und bestickten Jacken der Männer wiederum passten gut zu ihrer gebräunten Haut und verrieten auch sogleich ihre asiatische Herkunft.

Die Bevölkerung hier besteht nur aus Griechen und Tataren. Zahlreiche antike Stätten und Ruinen der alten griechischen Siedlungen findet man in der ganzen Umgegend verstreut, nicht weit entfernt gibt es vielgerühmte Schlammquellen, die wir allerdings nicht besuchten.

Eine Art Omnibus erschien, doch ohne Sitze und halb mit Stroh gefüllt, und ein Paar Maultiere wurde vorgespannt. Sie hätten auch gut in den Wagen gepasst und schienen der Aufgabe, den Omnibus zu ziehen, kaum gewachsen, doch beschlossen wir, ihrer Kraft zu vertrauen, und ließen uns die steile Straße hinaufruckeln, die aus der Stadt hinausführt. Vom Gipfel des Hügels aus hat man einen wunderbaren Blick auf Kertsch und die große Bucht, an der die Stadt liegt, die gezackten Umrisse der gegenüberliegenden Hügel ragten weit in die Meerenge hinein, und die Häuser der Stadt zogen sich in dicht übereinanderliegenden Reihen den steilen Hang des Mithridatesbergs hinauf – ein Anblick, der mich in seiner Gesamtheit an Neapel erinnerte, und die beiden Städte haben tatsächlich eine entfernte Ähnlichkeit miteinander.

Von Jenikale nach Kertsch sind es etwa sieben Meilen. Das Land ist noch steppenartig, sanft gewellt und mit Gras bedeckt; die zahlreichen über die Landschaft verstreuten Tumuli versprachen uns interessante Erkundungen in der nächsten Zeit. … Kertsch ist fast die einzige Stadt in Russland, die ganz aus Stein erbaut ist, und die Häuser machen einen schönen und soliden Eindruck. Offenbar hatten wir das Land der Holzkaten und grünen Dächer sowie der rotbärtigen Männer in Schafspelzen hinter uns gelassen – und es tat uns nicht leid, dass wir jetzt in einem Land waren, in dem Behausungen und ihre Bewohner den freundlicheren Temperaturen entsprachen, die wir hier erlebten. Für den Altertumskundler ist Kertsch eine der interessantesten Städte in Südrussland, Strabons einstiges Panticapeum, um die Mitte des 7. Jahrhunderts v. Chr von den ersten miletischen Siedlern auf Tauris gegründet. Dreihundert Jahre blühte der Handel von Theodosia und Panticapaeum, als die Kimmerische Halbinsel zur Kornkammer Griechenlands geworden war. Die Eroberung durch die Römer jedoch hatte tiefgreifende Auswirkungen: Der Wohlstand der Nation hing ganz von einem Markt ab, den es bald nicht mehr gab. So fiel die Gegend ohne große Kämpfe an Mithridates, der bald auch den Rest der Taurischen Halbinsel unterwarf. …

Als die Hohe Pforte Kertsch im Jahre 1774 an Russland abtrat, war der Ort zu einer unbedeutenden türkischen Stadt herabgesunken, doch die einstige Hauptstadt des Bosporus sollte bald wieder etwas von ihrer alten Größe zurückgewinnen. Dies geschah allerdings auf Kosten der italienischen Siedlungen, die in den vorhergehenden Jahren den gesamten Handel auf der Halbinsel an sich gezogen hatten und bis heute als Denkmäler jenes abenteuernden Geschäftsgeistes gelten können, aus dem heraus sie entstanden sind.

Aus einem der allgemeinen Vernunft unbegreiflichen russischen Grund wurde der Handelssitz von Feodossija, eines günstig an der Spitze eines tiefen, ausladenden und immer frostfreien Hafens, an das Ufer dieser Meerenge verlegt, die vier Monate im Jahr unpassierbar ist und wo das Ankern in dem seichten Wasser gefährlich ist. …

Als wir auf dem Rückweg die Steppe durchquerten, überkam uns Wehmut beim Anblick der Tausenden Hektar prächtigster Erde, auf der man die hervorragendsten Getreide der Welt anbauen könnte. Doch liegt die Erde brach, bis die Landbevölkerung Russlands in die Teile des Reiches übersiedeln darf, die am attraktivsten sind und zudem dringend neue Siedler brauchen, um die hier eingeborenen Tataren zu ersetzen, welche nach und nach vom Erdboden verschwinden.

Die Gründe für diesen Schwund einer ganzen Rasse lassen sich schwer ausmachen, es ist ein reiches Land, das jedoch des Mangels an Arbeitskräften wegen völlig brachliegt. Wo der Raum für das Nebeneinander von zwei Rassen beschränkt ist, hat es sich immer so entwickelt, dass die Besiedlung einer Gegend durch zivilisierte und fleißige Menschen zweifellos und unweigerlich zum Niedergang und zur schließlichen Auslöschung der ursprünglichen Bewohner und Nutzer eines Landstrichs geführt hat, doch davon kann auf der Krim kaum die Rede sein. Die barbarischen Slawen können wahrlich keinen Anspruch erheben, höher entwickelt zu sein als der Tatarenstamm, dessen Land in ihren Besitz geraten ist, und zudem gibt es ja genug Platz und noch die doppelte Menge beider Bevölkerungsgruppen könnte hier in Wohlstand leben. Der Wassermangel ist nur deshalb ein Miss-

stand, weil es an Unternehmensgeist und Arbeitskraft zur Bewässerung eines Bodens fehlt, dessen unvergleichliche Qualität auf der Hand liegt, seit der Buchweizen aus Kertsch bei der Großen Ausstellung in London den ersten Preis gewonnen hat. Die Krim wird nie zur Blüte kommen, solange den Ausländern beim Erwerb von Land noch größere Hindernisse in den Weg gelegt werden als den Russen selbst, die einwandern wollen, um hier Ackerbau zu betreiben.

6

Feodossija war grau wie die Steppe an diesem Tag, trotzdem wirkten die Straßen, die nicht allzu hohen Wohnblocks aus den fünfziger Jahren, die Gras- und Gebüschstreifen längs der Fahrbahn und die immergrünen Alleebäume auf eine freundlich russische Weise mediterran, als sei dieses Grau des windigkalten Tages, das fast nach Schneeregen aussah, nur eine Verkleidung, die Probe für einen möglichen Winter, die jederzeit abgebrochen werden konnte, um blauem Himmel und goldenem Licht Platz zu machen. Die Sammelhaltestelle für Marschrutkas, ein großer Platz mit Haltestellenzubehör, das noch aus sowjetischer Zeit stammen musste – die kleinen Fahrscheinbuden, die Fahrplanhalter, die wenigen Bänke, die ramponierten Unterstände –, lag zwischen einer fein gemachten orthodoxen Kirche und dem Markt. Die Fahrer standen zusammen und rauchten, die Fahrgäste, vor allem Frauen mit gefüllten Einkaufstaschen, harrten unbeweglich an den Abfahrtspunkten, niemand war auf Winter eingestellt, man trug mehrere Schichten dünner Jacken übereinander und trotzte so mit ungerührtem Gesicht dem eisigen Wind, der vom Meer her wehte.

Der Markt gab nicht viel her, die Verkäufer von Obst und Gemüse waren durchfroren und lustlos, viel mehr als Äpfel, Karotten, Kartoffeln und Sonnenblumenkerne war nicht zu haben, Trauben waren ausverkauft. »Trauben aus« hätte es früher geheißen, im Westen wie im Osten, ein knapp gebelltes Kürzel für Unerhältlicheit, die man immer zu maskieren hatte mit diesem vagen »aus«, von oben herab wie in »die Herrschaften sind aus« oder traurig und beklommen wie in »sie sind nur ausgegangen«. Das Aus der Trauben war zu offensichtlich, um mit einer Nachfrage dem hiesigen Kürzel für Mangel auf die Spur zu kommen. Der größte Teil des Marktes bestand aus einem von Supermärkten und Billiglokalen eingekreisten Netz von Budengässchen. Die Verkäufer saßen auf kleinen Hockern neben ihren Auslagen und versuchten sich warmzuhalten, indem sie still hielten, die Kleidungshändler drückten sich so tief in ihre feilgebotenen falschen Pelze und schiefgenähten Filzmäntel, dass nur ihre unruhig wandernden Augen zwischen Falten und Knöpfen sichtbar waren. Manche hatten kleine Campingöfen neben sich aufgestellt, Thermosflaschen dampften. Sie machten freundliche Gesichter, wenn wir ihre Ware berührten oder streiften, hofften auf Geschäft, manche standen auf und priesen etwas an, dünne, vor Künstlichkeit knisternde Decken als warme Schafswolle, rosengemusterte Acrylschals als Seide. Was wir hier sahen, dieses Sammelsurium von Handschuhen, Socken, Geschirrtüchern, Pantoffeln und dergleichen, unterschied sich kaum von dem, was man in Alma-Ata, Belgrad oder Berlin auf Märkten sah, eine bedrückende Austauschbarkeit der Dinge des täglichen Gebrauchs, die allesamt aus China kamen, eine leise und gründliche Eroberung von Kleiderschrank, Küche und Schuhregal durch diese Flut der zu raschester Unbrauchbarkeit bestimmten Dinge aus dem ferneren Osten.

M. fror in seiner dünnen Jacke, die ihm sein Optimismus anempfohlen hatte. Obwohl wir unter düsterem Himmel aufgebrochen waren, erschien die Ahnung einer blauen Helligkeit möglich, das Genuesische der in der Landkarte eingezeichneten Festungsreste enthielt mittelmeerische Verheißung hinter dem Riegel des Karadag, der sich so entschlossen dunkelgrau vor den Blick in diese Richtung schob. Dem Namen Feodossija selbst haftete etwas von Winterlosigkeit an, doch beim frierenden Streifen durch die Straßen auf der Suche nach einem Geschäft mit warmer Kleidung erinnerten wir uns der unfehlbar bleiernen Himmel von Thessaloniki mit seinen ähnlich trügerischen thrakischen Verheißungen von flimmerndem Glanz.

Unwillig folgte M. mir in ein Kaufhaus, das aus winzigen Einzelgeschäften bestand, aus vollgepackten Kleiderzellen, in denen sich stark geschminkte Verkäuferinnen teilnahmslos zwischen der ausgestellten Ware herumdrückten und mit ihren Mobiltelefonen spielten. M., der frierende Fremde, rang ihnen keinen Ausdruck von Mitgefühl und keine Spur von Anteilnahme ab, doch sie ließen uns in ihrem Sammelsurium suchen, bis wir etwas fanden.

Wir suchten den Hafen auf, zögerten kurz, ob wir in die kleine Kneipe treten sollten, um uns aufzuwärmen. Längs einer aus Fels- und Betonbrocken aufgeschütteten Mole hatten sich trotz der Kälte Angler versammelt, kleine dicke Jungs, alte Männer und Frauen mittleren Alters, sie alle kannten sich offenbar, verglichen Angelgerät, boten sich gegenseitig etwas aus ihren mitgebrachten Proviantschachteln an, ein riesiger Alter, ein schwarzbemützter König im wattierten Mantel, um den die anderen einen ehrfürchtigen Bogen machten, thronte reglos auf den großen Steinen, zwischen rostigen Eisenträgern, die sich verbogen und verdreht aus den säulenartigen Betonbrocken neben ihm wanden. »Beton aus« hieß es nie, es herrschte ein immerwährender Überfluss an diesen Resten und den falschen Spuren, die sie in ihrer klotzigen Beliebigkeit und Zerfallsweigerung legten. Ein kleiner Junge wurde offenbar in die Gemeinschaft der Angler eingeführt, seine ganze Familie hatte ihn zu diesem großen Augenblick begleitet, in dem er Teil der Anglergemeinde wurde, zum ersten Mal ausholte und seine Angel auswarf, den Köder zum ersten Mal im schmutzigen Wasser des Hafens von Feodossija versenkte. Das Fischen fand zwischen dem Hafen für die mit Planen zugedeckten Sommerboote und dem an der Spitze der Landzunge gelegenen großen

Hafen statt, wo Kräne unentwegt Schrottladungen von einem großen Haufen hievten und in einen riesigen Rostzermalmer füllten, aus dem dann handliche Blöcke zusammengequetschten Metalls in allen möglichen rostschlierigen Farben austraten und auf Schiffe verladen wurden. Diese unter schepperndem Dröhnen aufgeführten kleinen Metamorphosen der sperrigen Teile, denen man gelegentlich noch einen alten Verwendungszweck ansehen konnte, in wirrfarbene rechteckige, keinem erkennbaren Nutzen zuschreibbare Metallblöcke fand vor dem Hintergrund des weißgestrichenen Bahnhofs statt, der stillgelegt als hübsches Zeugnis prächtigerer Zeiten, verziert mit alten Anpreisungen von Attraktionen, zuschaute, wie das struppige Gras zwischen den Eisenbahnschwellen wuchs.

Auf der Landkarte hatten wir zwischen Feodossija und Dschankoj eine Eisenbahnlinie eingezeichnet gefunden, über die wir gerne, wenn die Zeit käme, die Rückreise in Richtung Kiew angetreten hätten. Sie verlief durch den flachen Nordosten der Halbinsel, nahe am Faulen Meer, der durch die Arabatsche Nehrung vom seichten Asowschen Meer getrennten sumpfigen Gewässerantwort auf die Steppe, die es umgibt. Später hörte ich von Lena, dass die Eisenbahnlinie nur im Sommer betrieben würde, während ihre Chefin, eine große Anhängerin der Marschrutkas in alle Richtungen, behauptete, sie sei ganz stillgelegt, nie wieder würden dort Züge verkehren. Eisenbahn aus. Nun standen wir hier und wollten Lena gerne glauben, fragten uns jedoch, wie Gras und alles mögliche Kraut in der kurzen Zeit seit Ende der Saison so rasch hatten wuchern können.

Feodossija musste eine sehr schöne Stadt gewesen sein, jetzt war es eine Stadt in Trauer. Die Trauer wirkte neben der bombastischen Aufgetakeltheit der orthodoxen Kirchen noch zäher als an den verschwiegeneren Stellen. Sie hockte in den Ritzen des nagelneuen Verbundpflasters, mit dem die ausgestorbene Innenstadt ausgelegt war, in den Astgabelungen der Bäume längs der Straßen, in den Rissen und Löchern, die im Putz und Gemäuer verfallender Häuser klafften, in den langen Höfen, die von Katzen bevölkert waren. Unzählige Katzen streiften in Feodossija umher, sie schienen von ihrer Fellfarbe bestimmte Clans zu bilden. So sah man in einer Gasse nur schwarze Katzen, im kargen Vorgarten einer bröckelnden kleinen Villa nur graue. Den seltsamsten Anblick bot ein Hof aus gelblichem Stein, begrenzt von Häuserwänden, unter deren abgefallenem Putz sandfarbenes Mauerwerk zum Vorschein kam, hinter dem rostfleckigen, einstmals roten Tor saßen, lagen, schlichen in völliger Lautlosigkeit Dutzende gilbig-fuchsiger Katzen mit durchsichtig rosig schimmernden Ohren, sie alle wirkten blass, als sei etwas – Farbe, Willen, Leben – aus ihnen gewichen, langsam und schrittweise, ein Schwinden, dem sie selbst nur reglos und stumm mit immer feuchter werdenden Augen zusehen konnten.

Ein scharfer Regen setzte ein, vor dem wir im Museum des Schriftstellers Aleksander Grin Zuflucht nahmen. Es war ein düsteres Haus, gehütet und versorgt von Frauen, die, hier wie in allen Schriftstellern gewidmeten Museen und Gedenkhäusern Osteuropas, etwas unterwürfig Nonnenhaftes hatten, als seien sie alle im Geiste Schriftstellerbräute, die sich in Ermangelung einer Blütezeit an der Seite ihres Angebeteten mit Haut und Haar der Staubfreiheit und Unbeflecktheit der Exponate verschrieben hatten. Aleksander Grin war irgendwann in meinem Studium der russischen Literatur auf einem Schiff der Drittrangigen über den Horizont gegondelt, doch sein Buch »Purpursegel«, das ich nie gelesen hatte, war mir verblüffend oft begegnet: in Warschauer Jugendzimmern, in ungarischen Provinzbibliotheken, in serbischen Wohnküchen und einmal, in vermittelter Form, als expressionistisch angehauchtes kleines Ölgemälde auf einem Flohmarkt der armen Leute in Budapest. Mit seinem Gefolge begeisterter Leser, die sich gerne in seine auf keiner Landkarte festzumachenden Abenteuerländer flüchteten, die kollektiv als »Grinlandia« bezeichnet wurden, stand Grin irgendwo zwischen Karl May und Tolkien, allerdings bettelarm und unter Stalin geächtet.

Wir wanderten durch die kleinen Räume des düsteren Hauses. Die Dielen knarrten, wir fürchteten uns, den Ausstellungsstücken zu nahe zu kommen, wenn wir die Umschläge der verschiedenen Ausgaben seiner Abenteuerromane studierten und alte Fotografien von Feodossija und Staryj Krym, von Grin in sibirischer Verbannung und in Odessa betrachteten. Ich strich mit der Hand über das Fußende des Bettes, in dem er verstorben sein sollte, und streifte den Tisch, an dem er geschrieben haben sollte. Ab und zu trat eine Grinbraut auf leisen Sohlen von hinten zu uns heran und flüsterte, man dürfe nichts berühren, wir sollten doch auch bitte dies betrachten, ob wir denn auch alles verstünden, was dort ausgestellt sei?

Wir standen lange an einem kleinen Hinterfenster und blickten in den verwunschenen Innenhof im knisternden Regen, voller Weinranken und zerbrochener Möbel. M. zeigte auf ein zerbrochenes Bett. Das sah uns mehr nach der Ruine des Sterbelagers aus, das auf einem Foto abgebildet war, mit einem geschrumpften, sterbenskranken Grin zwischen gilblichen Laken, ein Schädel mit schwarzbrandigen Augen. Der Haufen Gerümpel, das trübe Licht des unzeitigen Wintervorstoßes, die sich in alle Richtungen verwuchernden Ranken erzählten etwas von Grins bitterer Armut an diesem Ort.

Wir gingen im Kreis durch die kleine Innenstadt, vorbei am Museum eines auf Seestücke spezialisierten Malers, dessen Name uns gänzlich unbekannt gewesen war, bevor er uns in der Pension ans Herz gelegt wurde. Doch die Lust an Museen war uns vergangen. Die meisten Restaurants waren geschlossen, die vorgelegten Fensterläden so brüchig, die Türen so fest verrammelt, als wären die Schlüssel in den Vorhängeschlössern vor Jahren umgedreht worden. Wir bekamen keine Gelegenheit festzustellen, ob man hier noch Trappen zubereitete, die Oliphant zuerst, von ihrer Unerschrockenheit befremdet, im wogenden Steppengras staken sah, dann später als Braten kostete und als »die gängige Kost der Krim« für gut befand.

Hatte jemals ein Dichter über die Krim in der Kälte geschrieben? Eis und Sonne liegen nah beieinander in den Bildern bei Zwetajewa und Mandelstam. »Die gestrige Sonne, man trägt sie auf schwarzer Bahre vorbei«, schrieb Mandelstam 1920 in Koktebel, die Konstruktion aus Gegensätzen war mehr politische Realität als poetische Konvention. Doch am Schwarzen Meer löst sich alles in Gold und Blau auf, jedenfalls in der Dichtung. In diesem Oktober 2013 hielt sich das Licht zurück. Nichts glänzte, höchstens – matt und schwach – die gülden überrenovierten Kuppeln der Kirchen, bei deren Anblick mir eine lang zurückliegende Rumänienreise in den Sinn kam. M. hatte damals am Zugfenster gestanden und nach den struppigen Heuhaufen Ausschau gehalten, die etwas von verirrten und versprengten Soldaten an sich hatten, zerraufte Krieger aus Kurosawa-Filmen im grauen, schwülen Licht jenes Augusts, in dem alles bleich und schwer erschien und das stumpfe Licht die nagelneu und silbrig verzinnten Kirchenkuppeln des unlängst von bitterlicher Herrschaft befreiten Landes zu keinem Leuchten bringen wollte.

Die Katzen von Feodossija hatten sich inzwischen vor dem Regen verkrochen. Nur hier und da saß noch eine, jämmerlich unter einem tropfenden Vorsprung oder einem großen bläulichimmergrünen Busch Schutz suchend, und wartete wie wir darauf, dass der Regen aufhörte. Zur genuesischen Festung würden wir in diesem Wetter nicht kommen. Schließlich entschieden wir uns, ein Lokal zu betreten, an dem wir bei unseren Runden durch die scheinbar schrumpfende Innenstadt vorbeigekommen waren. Es gab sich georgisch, wollte auf billige Weise Pracht vortäuschen. In dem schwarzgefleckten Fußboden aus Kunststein spiegelten sich die Lichter der zylinderförmigen Lampen, unter denen man sich unwillkürlich Frauen mit hochtoupierten Frisuren dachte, wie sie früher auf den überbelichteten blau- oder rotstichigen Fotografien vom süßen Leben in der Sowjetunion abgebildet waren. Frauen in ärmellosen dunklen Kleidern mit runden, ausladenden Oberarmen beim Auftischen gewaltiger Schüsseln und Platten mit glänzenden Speisen, die in der Druckfarbe zwar missraten sein mochten, doch dem Betrachter eine Fülle, Größe und Üppigkeit ans Herz legten, die Süden! riefen, Strände, warmen Wind und sanftes Meeresrauschen, vielleicht gar Palmen, jedenfalls nichts, was mit Eis, Schnee und langen dunklen Wintern Umgang pflegte. Vor vielen Jahren hatte ich in so bebilderten Kochbüchern geblättert und – im Geiste die Rot- und Blaustichigkeit und die bleichende Überbelichtung korrigierend – versucht, mir ein Leben vorzustellen, durch das solche Platten und Schüsseln getragen wurden. Ein Leben der Fülle, in dem die Auftischenden ebenso wie die Schnauzbärtigen, denen aufgetischt wurde, allen Grund zu ihrer an den Tag gelegten Zufriedenheit hatten.

In dem georgischen Restaurant im graukalten Feodossija waren die einzigen Gäste – ein älterer Mann in Begleitung einer jungen Dame in hochhackigen Sandalen – gerade dabei zu zahlen. Die junge Dame hielt ihr Täschchen mit beiden Händen umschlossen und blickte vom Zahlungsvorgang weg zum Fenster hinaus in den dumpfen Nachmittag, während der Mann mit Daumen und Zeigefinger der zahlenden Hand langsam die Scheine rieb, um sicherzugehen, dass nicht zwei aneinander hafteten, oder womöglich auch, weil er sich ungern von ihnen trennte. Untätiges Personal drückte sich in den Ecken und verschwand hinter einem Vorhang, als wir Platz nahmen. Das Licht von den zylinderförmigen Lampen spiegelte sich auf den vielen Flaschen hinter der Theke, Alkoholisches und Nichtalkoholisches, Hauptsache bunt.

Wir starrten lange in die Speisekarte, fühlten uns klein und fehl am Platz. Die Namen der Speisen waren ungeschickt ins Englische übersetzt und ohne Zuhilfenahme der russischen Originale oft unverständlich. Alles war in schöner Schreibschrift auf dem dicken weichen Papier der Speisekarte aufgeschrieben. Bei meinen Bestellungen musste der folkloristische Kellnerjüngling, der wieder hinter dem Vorhang hervorgekommen war, mehrmals zur Theke gehen, wo eine imposante Dame jetzt ihre Fingernägel studierte, und flüsternd mit ihr beraten. Beim dritten Mal hatten wir Glück, obwohl dem Jüngling die Magerkeit unserer Bestellung nicht gefiel. Alles war sehr rot und golden dekoriert, eine Wand ganz mit hohen Spiegeln verkleidet. Aus großen Lautsprechern drang russische Popmusik, die nicht versuchte, georgisch zu wirken. Während wir aßen, kamen zwei ältere Damen in schweren Pelzmänteln herein, zwischen ihnen ein vielleicht zehnjähriger Junge in steifem Anzug und Krawatte. Aufgeregte Stimmung machte sich breit, der folkloristische Jüngling wirkte unterwürfig, während die Damen, ohne die Pelzmäntel abzulegen, die Speisekarte studierten, kurz berieten, dann auf Speisen zeigend mit dem Jüngling zu verhandeln begannen, doch bald merkten, dass er der Falsche für einen guten »dil« war. Schon schritt die imposante Dame im bodenlangen Kleid herbei, zwei Kellnerinnen erschienen wie herbeigezaubert durch eine Tür in der Spiegelwand und begannen, Tische zusammenzurücken und goldfarbene Papierservietten zu falten. Vor dem Knaben im Anzug stand bereits eine ganze Batterie süßer Getränke, die Popmusik brach ab, kurz danach ertönte etwas Russisch-Folkloristisches. Als wir das Lokal verließen, rollte eine Reihe schwarzer Geländewagen durch die Fußgängerzone. Kein Platz für Marina Zwetajewas Schmachten und Schwärmen zwischen strahlendem Hell und Düster hundert Jahre zuvor. Wie mochten die Straßen damals ausgesehen haben? Wahrscheinlich unasphaltiert, staubig im Sommer, am Rand von Unkraut gesäumt. Jetzt schien alles frisch gepflastert in adrettem Stein, grau und glatt, hier und da zu Mustern in zwei Farbtönen gelegt, über die die Reifen der schweren Autos rollten. Wo waren die Mauern, an die junge Dichterinnen ihre heißen Stirnen kühlend gelehnt haben mochten? Wo der Pfad zur genuesischen Festung, auf dem seidene Röcke im Dämmer raschelten? Halbherzig hielten wir in der inzwischen leblos leeren Stadt – es war Samstagnachmittag, der Markt abgebaut – Ausschau nach einem Pfad, der abseits des großen Busparkplatzes, zwischen und hinter struppig umwucherten Bäumen, denen der Wind Plastiktüten ins Gezweig gesteckt hatte, um die Spitze des Kaps zur genuesischen Festung führen würde. Die Kälte war durchdringend, ermüdend, sollte es das schon gewesen sein mit unserem ersten Ausflug von Kurortne? Es raschelte nur das Plastik im Wind, blähte sich manchmal wie zu einer Erklärung auf, sackte wieder in sich zusammen, ohne Rhythmus und Klang, ein flaches Flüstern, nicht das Mandelstamsche Wispern, das es vor den Worten gab, sondern eher ein nachwörtliches Geflüster als letzter, allerletzter Rest des Krächzens, in das sich Sprache verloren hatte. Wind und dünner Regen schlugen uns die Hoffnung auf einen Rettungsspaziergang um die der romantischen Krim zugewandte Rundung der Landzunge aus dem Kopf. Kein Tag für Sehenswürdigkeiten. Ich musste mich mit dem erinnerten Flüstern der Verse Zwetajewas zufriedengeben: *Um Feodossija versunken / ist nun dieser Frühlingstag / und allenthalben wächst und ragt / der Schatten lauer Dämmerstunde.*

Wenige Passagiere saßen in der Marschrutka, die wir am Nachmittag zurück in Richtung *Biostanzija* nahmen. Kurortne als Zielort kam gar nicht vor. Der Fahrer hatte seine Konsole mit Ikonen dekoriert, die Fläche, auf die man das Fahrgeld abzählte, war mit einem gestickten volkstümlichen Tuch bedeckt. Zwei alte Frauen, die am Ortsausgang von Feodossija einstiegen, bekreuzigten sich vor den Ikonen.

In einem Dorf abseits der Straße sahen wir ein Minarett, das wir auf der Hinfahrt nicht bemerkt hatten. Das Minarett stach weiß aus der grauen leeren Landschaft. Ein Mann führte seine Kuh an einem Seil durch das Gras am Straßenrand, ihm folgte in einigem Abstand eine Frau im Hijab, sie trug einen Korb und bückte sich, um etwas aus dem Gras zu rupfen.

Von Westen her glitt plötzlich Licht über die weite Landschaft, in der Ferne sah man die Küstenfelsen. Was war die größere Wildnis: Steppe bis zum Horizont oder diese schrundigen Riesensteine, die sich zwischen Meer und Land auftürmten? Über Koktebel lag Abendsonne, in den Weinfeldern wurde gearbeitet, jenseits der großen Senke in dem karstigen Gelände nach Norden hin sah die gewellte, von keinem Baum bestandene Landschaft aus wie ein im Wogen erstarrtes Meer.

Am Abend schlugen wir bei Oliphant nach, was er über die Straße von Feodossija zu sagen hatte.

Wir nehmen die Marschrutka nach Feodossija. Weiter östlich werden wir auf der Krim nicht kommen.

Es ist sehr kalt, kaum angekommen, machen wir uns auf die Suche nach wärmerer Kleidung. Jacke für mich, Handschuhe für E., die Hände werden in diesem Winterwind so kalt, dass man nicht den Auslöser drücken kann.

Auf den ersten Blick – die Bushaltestelle ist gleich am Markt und vor einer hellblau-weißen Kirche mit Goldkuppel – erinnert mich die Stadt an Arad. Halb baufällig, halb übereifrig renoviert, das Neue passt nicht zum Alten, Leute in abgewetzten, schäbigen Jacken schleichen mit ihren schweren Einkaufstaschen über die Straße, daneben parken Kahlköpfe ihre blitzenden Sportautos vor Geldautomaten. Doch statt der Hunde von Arad sehen wir hier nur Katzen. Unzählige, immer in Gruppen. Ist das eine Eigenart der Krim, diese Rudel von Katzen, diese Truppen ohne Einzelgängerei?

Bald sind wir am Hafen. Hier ist auch der Bahnhof, ein einstöckiger Bau, noch aus Zarenzeiten, vermute ich. Die Schienenstränge, die zum Gebäude führen – und darüber hinaus, sicher einstmals für Güterzüge –, sind von Gras überwuchert, hier ist lange kein Zug mehr gefahren. Früher kam man also gleich am Hafen an, anstatt auf dem grauen Marschrutkaplatz, stieg aus mit Blick aufs Wasser, auf Fähren und Schiffe zu anderen Zielen am Schwarzen Meer, Segelboote und weiße Dampfer unter blauem Himmel. (Ich erinnere mich an den Bahnhof von Split, aus dem man auch direkt auf das Hafengelände trat!)

An der Mole sitzen Leute und angeln. Dahinter scheppern und klackern die Masten und Leinen von Segeljachten im Wind, möglicherweise auch Fischerboote. Auf den ersten Blick sieht alles etwas düster und verwahrlost aus, doch mag das am Wetter liegen. Immerhin gibt es Segelboote, wenn auch vertäut und vor Anker. Bei freundlicherem Licht und warmem Sonnenschein ist die nun so gähnend leere, breite Straße längs der Schienen vielleicht belebter. Jetzt ist nur das – hier wie im Banat – unvermeidliche Irish Pub geöffnet, während alle anderen Lokale und Geschäfte geschlossen sind. Männer stehen vor der Kneipe mit dem Markenzeichen von Keltenschrift und Kleeblatt und trinken aus Bierflaschen, die allerdings eher nach hiesigen Produkten aussehen als nach Guinness. (*The Shamrock* – das Kleeblatt – auf der Krim: Das traurige Lied für die Kanonenfutter-Iren *As I Rode Down Through Irishtown* ist auch bekannt unter dem Namen *The Crimean War*. Auch wieder eine Symmetrie: Der Pub *The Crimea*, im Andenken an den militärischen Sieg benannt, im (ehemals) irischen Arbeiterviertel Kentish Town; der Irish Pub in Feodossija auf der Krim als Wahrzeichen des Siegeszugs einer kommerziell globalisierten Underdog-Romantik.

Die Augen werden in dem grauen Licht müde beim Blick hinaus aufs Wasser jenseits von Mole und Segelhafen, in dem Versuch, weitere Küsten zu erspähen. Sogar die Möwen wirken schlapp. Draußen auf dem Meer segeln einige kleine Boote, die ich eben gar nicht bemerkt habe.

Hinter dem Bahnhof liegt ein eingezäunter Streifen mit verfallenden Schuppen und barackenartigen Gebäuden. Einstige Matrosenunterkünfte? Abfertigungsstellen, Zollbüros? Am Hafen riesige Schrottverarbeitung, hinter einem Bauzaun, zum Meer hin offen, Kräne, die Gipfel von Blechbergen sind sichtbar, man hört das Knirschen der Schrottwalzen, ein hässlicher Lärm. Auf der meerwärtigen Seite der Walze schieben sich zusammengepresste Schrottplatten heraus, die von einem Kran irgendwo abgeladen werden. Schiffe liegen bereit, die Schrottplatten können nach China gebracht werden, um dort in etwas verwandelt zu werden, was auf dem hiesigen Markt wieder verkauft wird. Welthandel mit Müll und Schrott. Der letzte Rest von dem, was hier Jahrhunderte, bevor es das Wort »Globalisierung« gab, schon stattfand? An diesem östlichen Ende der Krim lag der Zugang zu Handelswegen für Waren, die entlang Tausender Meilen Steppe und Tundra produziert wurden, bis hin zum Walfischöl aus Nordjapan. Den Mongolen und Tataren, die über die Steppe nach Westen brausten, war der Handel ohne Grenzen ebenso wenig fremd wie den Iroquois in Nordamerika. Die »Unzivilisierten« (weil Unsteten) wären heute die Krone der Zivilisation: überlegen durch Mobilität. Das Wunderkräutlein vom Ende der Welt hinterm Regenbogen, das allein den kranken König heilen kann, ist nicht nur Märchenstoff, sondern etwas, was gut und gerne über Kertsch und Feodossija nach Nord-, Süd- und Westeuropa gelangen mochte. (Pallas

war an einer Expedition nach Sibirien beteiligt, die den Auftrag hatte, große Vorkommen von wildem Rhabarber aufzutun, der als Abführ-Wundermittel in ganz Europa hoch im Kurs stand. Buchstäblicher Zusammenhang von Kot und Gold auf globaler Ebene.) Gemessen an solcher Vergangenheit ist der Hafen des alten Caffa traurig und trüb. Doch dann versöhnt uns etwas mit der Trostlosigkeit: Plötzlich steht da ein Gruß aus einem noch ungesehenen, noch ungedrehten Film, eine hier am Hafen zurückgebliebene (nie abgeholte?) Requisite, bestellt von Angelopoulos vor seinem unerwarteten Tod: Eine Gruppe von Schaufensterpuppen, nur die armlosen Rümpfe mit Kopf, montiert auf Metallständer, deren Füße mit dicken Steinbrocken beschwert sind, um sie gegen den Wind zu sichern. Nackt stehen die Puppengestelle in der Kälte und starren geradeaus, doch der

Blick aufs Meer ist ihnen durch einen großen, in schwarzes Plastik gehüllten Gegenstand verdeckt. Der Wind hat an der Plane gezerrt und eine Ecke des verhüllten Gegenstands freigelegt: Etwas Weiß-Goldenes ist zum Vorschein gekommen, ein Vorsprung wie von einem alten Schrank. Das Geheimnis von Feodossija: Der Fundus für Angelopoulos' unverwirklichten Film. Der Himmel hängt tief darüber, pflichtschuldig grau, als halte er sich für Dreharbeiten bereit.

Es beginnt zu regnen, wir suchen das Museum, das man uns empfohlen hat, Seestücke des Malers Aiwasowskij, doch Regen zwingt uns zu einer Zwischenstation im Museum A. Grin. Grin war mir als Autor unbekannt, obwohl ich den Titel »The Scarlet Sails« kenne. Purpursegel. In der Verfilmung spielte die Tochter Wertinskijs die Hauptrolle. Dieser dekadente Wertinskij, der immer wusste, wie er sich zu verkaufen hatte, ein kokainlustiger Tango-Bajazzo. Er mag ein interessanterer Bursche gewesen sein als Grin. Letzterer ist auf den Museumsfotos in verschiedensten Seemannsaufzügen zu sehen, mal mehr, mal weniger militärisch, immer mit traurigem Gesicht. Auf einem Foto sitzt er in Sibirien, klein, schmächtig, ohne Matrosenmütze, neben sich ein grimmiges Weib. Eine kurze Ehe. Das ganze Museum hat eine unbeholfene Seefahrtsdekoration, mit Tauen, Segeln, aufgeklebten Muscheln. All der Kitsch, den eine kleine Hafenstadt zu bieten hat. Wieder die *Red Sails in the Sunset*. Für den Klangeffekt Meeresrauschen fehlte wahrscheinlich das Geld. Die Museumswärterin schlurft hinter uns her über den knarrenden Dielenboden. Die Räume sind sehr dunkel. Auf einem Bild sehen wir Grin schwindsüchtig im Bett liegen. Sein Gesicht ist abgemagert und die Augen stehen schwarz darin. Trotzdem hat es etwas Komisches, und wenn ich an das Foto denke, meine ich, Grins dünne große Füße hätten unter der Bettdecke herausgeragt.

Auf der Straße atme ich auf. Jetzt noch zu Aiwasowskij? Beim Anblick der in der Eingangsvitrine ausgestellten Schlachtszenen entscheiden wir uns dagegen. Bilder in einem Stil, der einem dem

Maler sicher nur vom Hörensagen bekannten Turner nacheifert. Da haben wir sie wieder, die Nachahmer. Obwohl sich der Name nicht so Russisch anhört. Alles mit Ai klingt mir mongolisch. (Auch den schönen Herrn Aigi habe ich als mongolisch in Erinnerung, ich saß ihm mal gegenüber und betrank mich still, weil ich nichts zu sagen wusste und auch kein Russisch konnte.) Die Grinsche Seefahrtsromantik hat uns gereicht. Wir suchen ein georgisches Restaurant auf, das wir im Vorübergehen bemerkt haben. Welten entfernt von dem kleinen dunklen *Tbilisi* am Kanal in London, Nähe Broadway Market, wo wir vor Jahren öfters aßen. (Einmal auch mit Volker Braun, dem die Speisen so geläufig schienen.) An den Namen des Restaurants in Feodossija kann ich mich nicht mehr erinnern. Aus den Lautsprechern Putin-Pop. Glänzender Marmor an Boden und Wänden, Spiegel, die ich erst nicht bemerkt habe. Ich erschrecke (wie immer), als ich aufblicke und mich selbst sehe. Bin ich das? Hier? Das Essen ist nicht schlecht, aber knapp. Der Kellner ist nicht mit uns zufrieden, das lässt er spüren. Wir wollen die Griwni nicht springen lassen. Ausländer und Pfennigfuchser. *Penny pinchers*. Nicht mal Alkohol trinken wir. Er hat versucht, uns den Wein schmackhaft zu machen. Jeden Wein, nach dem wir fragten, bezeichnete er als süß, das war sein Pech. Zum Glück erscheint eine kleine Gruppe, die ein ganzes Bankett zu ordern scheint, der Kellner ist abgelenkt, sein Missmut bleibt uns erspart. Die Damen sitzen im Pelz am Tisch, zwischen sich ein kleiner Junge im Anzug. Die Musik schwenkt um, ich stelle mir vor, dass der Kellner dazu hinter dem Vorhang einfach eine Art Hebel umlegt. (Einen Riesenhebel, eine in Stummfilmen vorstellbare Szene. Ein Hebel, der über das Schicksal der Helden entscheidet.)

Bevor wir die Bushaltestelle erreichen, entdecken wir eine Bäckerei. Die Kuchenauslagen erinnern an Konditoreien in Polen. Mohn- oder Nussstrudel, Zuckriges, verschiedene Kekse, es riecht nach Apfelkuchen. Endlich ein Geschäft, in dem man sich wohlfühlen kann, es kommt mir geradezu heimelig vor, seit Tagen habe ich so etwas vermisst. Es gibt viel Kundschaft, wir können uns umsehen. Die Verkäuferinnen fahren mit Schaufeln in die Keksberge und füllen große Papiertüten. Wir kaufen Apfelkuchen.

In der Marschrutka nach Kurortnoje sitze ich neben einem Mann, der Bier aus der Flasche trinkt. Manchmal nickt er ein, dann schwappt das restliche Bier in der Flasche, wenn die Marschrutka bremst. Ich fürchte, dass ihm die Flasche aus der Hand fällt, auf meine Schuhe. Als wir zwischen den etwas ramponierten, aber ganz netten, niedrigen Wohnblocks aus Feodossija hinausfahren, fällt mir ein, dass meine Mutter als große Bewunderin der historischen Romane – oder besser gesagt Romanzen – von Dorothy Dunnett einmal vor nicht allzu langer Zeit ein Buch von ihr las, das hier spielte, in Caffa, zur Zeit der Genuesen. Wie üblich wollte sie mich bei einem meiner seltenen Besuche mit einer detaillierten Inhaltsangabe unterhalten. Wahrscheinlich hätte sie es unverzeihlich gefunden, dass ich die Stadt nun verließ, ohne die genuesische Festung aufgesucht zu haben.

Die Marschrutka nimmt einen unerwarteten Umweg durch ein Dorf hinter Koktebel. Es sieht belebter aus als Kurortnoje. Neben der Bushaltestelle ein nagelneuer Spielplatz. Ein kleines Mädchen mit großer Schleife im Haar sitzt auf der Schaukel und wird von seiner Mutter angeschoben. Sie winkt dem Bus. Die meisten Passagiere steigen hier aus. Wer will schon nach Kurortnoje, wenn es Abend wird?

Ich hoffe, man wird beim Abendessen nicht zu viele Fragen nach unserem Ausflug stellen. Außer dem Grin-Museum haben wir keine einzige Sehenswürdigkeit besichtigt. Für unser Mittagessen im georgischen Restaurant wird sich niemand interessieren. Und von Angelopoulos' Puppen erzählen wir lieber nichts.

Der greifbarste Vorteil nämlich, den Feodossija allen anderen russischen Häfen gegenüber besitzt – mit Ausnahme von Sewastopol, das ausschließlich der Kriegsmarine dient –, ist wie bereits erwähnt der Umstand, dass es das ganze Jahr über vom Frost verschont bleibt.

Inmitten des Gartens von Russland gelegen, verfügt es über Reize wie keine andere Hafenstadt des Reiches und sein früherer Glanz als Handelszentrum am Schwarzen Meer beweist hinreichend, dass es sich als Zielstation einer so wichtigen Eisenbahnstrecke anbieten würde. Die Weine und Früchte der Südküste könnten so ins Inland transportiert werden – und zusammen mit ihnen auch die europäischen Importe, die so notwendig sind, um das Leben in einem derart barbarischen und rauhen Land erträglich zu machen.

Doch solange die Regierung aus Furcht, zwei oder drei Hätschelstädte zu verprellen, diese offensichtlichen Vorzüge außer Acht lässt, schmälert sie den Wohlstand der Nation und muss somit für die Hindernisse in der Entwicklung gerade der gehätschelten Städte verantwortlich gemacht werden. Es ist … sinnlos, die Eignung bestimmter Eisenbahnstrecken zu diskutieren, wenn die Öffentlichkeit nicht mal ein Votum in dieser Frage hat. …

Auch steht noch der Nachweis aus, dass sich eine Eisenbahn überhaupt lohnt, wenn sie durch ein Land führt, in dem es in keine Richtung eine befestigte Straße gibt, keine Zubringerwege, über die Verbraucher und Lieferanten die Waren bequem zur Eisenbahn und von dieser weg transportieren können. Zumindest jedoch wird eine Eisenbahnlinie dem großen Ziel und Zweck eines raschen Transports von Soldaten und Truppeneinheiten dienlich sein und die Kaufleute in Odessa werden als treue Untertanen sicher zufrieden sein, wenn vielleicht einmal pro Woche und nach Zahlung der entsprechenden Schmiergelder an die Verwaltung ein Güterzug nach Moskau fährt.

Wir reisten über weite Strecken durch wilden Thymian und waren verdrossen über die Zahmheit der Landschaft, die Einsamkeit der Straße und das glühend heiße Wetter, als wir inmitten von Staubwolken die schattenhaften Umrisse einer kolossalen Erscheinung erblickten, die sich langsam und majestätisch auf uns zu bewegte. Während wir noch rätselten, welchen Ungeheuern der Steppe wir uns da näherten, ließen sich zu unserer Freude die schwankenden Gestalten zweier Kamele ausmachen, die einen riesigen Korbwagen mit einer Gruppe Tataren zogen. Wir hatten kaum Zeit, die Erscheinung dieser uns kurios erscheinenden Art des Reisens näher zu begutachten, als wir bereits, in unsere jeweiligen Staubwolken gehüllt, aneinander vorübergezogen und bald auch schon einander aus dem Blick entschwunden waren. Es war ein Renkontre, das seiner völligen Unerwartetheit wegen besonders frappierend war, doch gleichzeitig passte es so vortrefflich in diese Szenerie und nach der Begegnung mit diesen Wüstenwanderern wurde das Einsamkeitsgefühl, das ich zuvor schon empfunden hatte, noch um ein Zehnfaches stärker.

7

Die Wolken verschwanden. Der Wind hatte sich gelegt. Die Mittagsluft war lau. Der Karadag ragte aus einem strahlenden Meer, auch ein williger Kandidat für ein Flughafenplakat. Am Morgen hatten einzelne Pensionsgäste – eine Literaturprofessorin aus Lemberg und eine dünnlippig mürrische Lehrerin aus Czernowitz, die einzigen, die man stets nur Ukrainisch sprechen hörte – einen ersten Badeausflug geplant.

Zwischen den beiden Weidehügeln der Pferde gingen wir zum Strand und am Rand des Wassers entlang Richtung Westen. Die Straßenfegerinnen der Promenade saßen in einem geschützten Winkel auf dem Strand, an die von der Sonne schon erwärmte Mauer gelehnt und blinzelten ins Licht. Sie rauchten und lachten, ihre Besen hatten sie ordentlich an die Treppe gestellt, die zum Kiesstrand hinunter führte. Waren die Frauen jung, waren sie alt? Schwer zu sagen. Sie hatten eine Fröhlichkeit untereinander, die wie aus einer anderen Zeit zu sein schien. Wenn sie fegten, riefen sie einander Dinge zu, die sie zum Lachen brachten, wenn sie zu zweit oder zu dritt beieinanderstanden und rauchten, redeten sie unbeschwert und ununterbrochen, jetzt hatten sie ihre Sonnenpause und schwiegen lächelnd. Sie trugen Trainingshosen, karierte Hemden, an kalten Tagen wattierte Jacken. Um den Kopf ein geblümtes Tuch wie alte Bäuerinnen. Wo wohnten sie? In dem alten Wohnblock, um den es nach undichten Gasleitungen und Waschlauge roch, am Ortseingang oder -ausgang, je nachdem, wie man es sah? In den kleinen Häuschen mit langen schmalen Gärten daneben, wo immer Hunde bellten und an ihren Ketten zerrten?

Wir verließen den Strand, wo er an der Mündung eines kleinen, trüben, langsam sickernden Gewässers unpassierbar wurde. Die Straße führte über den schilfgesäumten Zufluss, der zäh durch schwärzlichen Sumpf rann. Der Sumpf umstand ein Haus mit großer Veranda zum Meer. Jenseits des Sumpfes gelangten wir in die kleine winterdicht verschlossene Budenstadt. Um die rostigen Eisenläden rankten sich farbige Malereien, die im Sommer sicher einen einladenden und ermunternden Rahmen um die Auslagen bildeten. Die Sommergäste streiften dann an den bunten Waren vorbei, welche die jetzt hinter den versperrten Eisenrolladen verborgenen Fenster füllten. Süßigkeiten, Obst, Schnickschnack, Getränke. Gebratenes und Gebackenes. Aus den Malereien ließ sich nichts auf die Auslagen schließen, es waren orientalische Muster oder Andeutungen von Städtchen, Burgen, Frauen in Tracht. Ein Kiosk, den wir beim letzten Mal nicht bemerkt hatten, war geöffnet, Männer hockten davor in der Sonne und tranken Bier, das sie am Kiosk erstanden hatten. Die Sonne erweckte das Städtchen zu zaghaftem Leben, als hätte der Sommer, oder vielleicht auch nur die Saison, Luft geholt, um noch eine vergnügliche Frist zu gewähren. Auf der anderen Seite der Budenstadt begann wieder der Kiesstrand. Eine breite Mole reichte auch hier ins Wasser, darauf war ein Auto abgestellt. Männer machten sich an dem Motor zu schaffen. An der Spitze der Mole und auf dem von schwarzen Algen bedeckten Streifen am Wasser saßen Angler. In einiger Entfernung befand sich eine Konstruktion aus dünnen, rostenden Eisenträgern, die in einer unebenen abgestuften Betonplattform verankert waren und ein Dach stützten. Es mochte früher ein Markt gewesen sein, eine Freiluftkantine, ein Schattenraum an glühend heißen Tagen, eine Kontroll- oder Verladestelle für den Fisch, den die Boote in großen Körben und Wannen an Land brachten. Draußen, vielleicht hundert Meter vom Strand entfernt, lag ein gewaltiges eckiges Gebilde aus Beton im Wasser. Ein hochkant liegender Koloss mit zwei Öffnungen nach Osten hin, den nur ein Riese dorthin befördert haben konnte. Der Koloss war graubraun, grau wie Zement und braun wie Rost, ein Gebilde, das an Krieg denken ließ. Kurz kam eine Erinnerung an die sanfte Küste Ostenglands auf, wo fahles Gras langsam alte, flechtenbedeckte Landebahnen überwucherte und Bunker mit milder Melancholie in die Stück für Stück dem Meer anheimfallende Landschaft versanken. Dieser Klotz vor der Küste von Kurortne war schroffer als alles, was man an der englischen Küste antraf, vielleicht hatte eine gewaltige Explosion ihn dorthin verschlagen, wo er nur trotzen und sich dem Zerfall verweigern konnte. Der Zweite Weltkrieg hatte die östliche Krim mit großer Grausamkeit heimgesucht, die Deutschen kamen und mordeten, wurden vertrieben, wogten zurück und mordeten ihre Vertreiber. Städte wurden zerstört, Dörfer vernichtet. Ich fragte mich, ob dieses eckige, kantige, unzerstörbare Ding dort vor der Küste für die Menschen am Ort, für die regelmäßigen Besucher ein Wahrzeichen war, eine Art Fels, eine Markierung des Sommers. Bis dahin schwimmen dürfen, können, um die Wette und als Mutbeweis, auf den Klotzfelsen klettern, zum Strand winken, ich hab's geschafft, bis hierher, Siegesgesten vollführen, sich krampfhaft mit den Zehen in die Oberfläche krallen, während man so tut, als genieße man dort draußen, auf diesem kratzenden, rissigen Beton, die Sonne.

Wir hatten etliche vom Beton gezeichnete Strände in Osteuropa gesehen, vor allem in Dalmatien, wo man die Unebenheiten der Felsenküste mit Betonstreifen auszugleichen suchte, auf denen sich seit Jahrzehnten im Sommer die Menschen sonnten. Ein Betoneldorado war das verwunschene Senj zwischen Split und Rijeka, wo ich die Schauplätze eines nie vergessenen Kinderbuchs wiederfand und M. zeigte, und auch Piran, wo man sich an heißen Wochenenden ebenfalls platzsparend im Stehen sonnte. Beton schien immer die Baudroge des Ostens gewesen zu sein, unter deren Einfluss die Bauherren meinten, Landschaft im Handumdrehen verfertigen zu können. Überall längs des Strands hier sah man Trümmer aus Beton, Abgerissenes, Zerschlagenes oder Material für nie Errichtetes aus sowjetischer Zeit, alles überzogen mit Spuren von Rost durch die Eisenstangen, die das erbarmungslose Gemisch aus Kies, Zement und Wasser verstärkten und verbanden. Der Beton stand gegen den Fels, stach von diesem ab, das Gemachte maß sich mit dem Entstandenen.

Am Ende der Bucht wand sich ein kleiner Pfad den kahlen Hang hinauf. Von der Spitze blickte man landeinwärts, in der Ferne Täler mit Weinfeldern, dahinter wieder Berge. Verlief hier die Grenze zur romantischen Krim? War dies die Gegend, wo ein gehegteres und mythenfreundlicheres Gelände anhob, als es die Küste um Kurortne – vom Karadag einmal abgesehen – und Koktebel sein konnte? Ein langer, von Felsen behüteter goldener Streifen, an dessen Glanz jeder teilhaben wollte, von hier bis fast nach Sewastopol.

Wandte sich der Blick wieder dem Hang an der Küste von Kurortne zu, verhakte er sich in einer riesigen Bauruine, die über der Bucht hing, ein Gerippe aus begonnenen Etagen, Andeutungen von Räumen, klaffenden Durchblicken und dunklen Unkammern, denen die schützende Wand nach außen fehlte. Beton und Eisen, Eisen und Beton. Schwer zu sagen, wie lange dieses Gebilde hier schon stand. War es ein aufgegebenes Vorhaben der jüngeren Zeit, ein Traum vom großen Geld durch Tourismus, hier unweigerlich und unübersehbar gescheitert und nicht mehr wegzuradieren? Oder war es ein Produkt des real existierenden Sozialismus, eine Verheißung von Erholung und relativer Pracht einer rotgolden dekorierten und krimsektern prickelnden Unterkunft für Auserwählte, als Belohnung, als Verlockung, als Behauptung?

Die Angler packten ihre Utensilien ein, als wir wieder am Fuß des Hangs angelangt waren. Die Wellen plätscherten blau um den Klotz. Am Abschluss der obersten Etage der Bauruine bemerkte M. einen aufgesprühten Schriftzug. WE ARE THE BEST konnte ich entziffern, doch die Schrift ging weiter. Wir stiegen zwischen Abfall, Hundekot und magerem Gestrüpp weit genug den Hang hinauf, um den Rest lesen zu können. Die ganze Zeile lautete: WE ARE THE BEST YOU CANT EXPECT. Darauf konnten wir beide uns keinen Reim machen.

Wir kehrten zum Strand zurück, standen eine Weile auf der leeren Mole und betrachteten den Klotz, das Meer, das Eisengerippe. Die Motorhaube des Autos war jetzt geschlossen, die Männer waren verschwunden. Zwei Hunde balgten sich um etwas am Rand des Wassers. Hatte das Schwarze Meer Gezeiten?

Im Licht der Abendsonne sahen wir eine kleine Gruppe den Hang hinabsteigen. An der Spitze der Gruppe ging ein Mann, er hatte langes, wallendes Haar, die ganze Gruppe hätte man ihrer Kleidung und ihrem Auftreten nach früher als Hippies bezeichnet, doch die Strahlen der Sonne in ihrem Rücken umstanden sie wie auf Gemälden von Runge, insbesondere den großen Langhaarigen an der Spitze, und einen Augenblick lang war es ganz vorstellbar, dass die beiden frommen Frauen an den Marschrutka-Haltestellen beim Anblick des von der Sonne umgoldeten, den Hügel von Westen her herabschreitenden Mannes herzenseinig und alle Unterschiede zwischen dem bärtigen Priester und dem bezeugten Jehovah in den Wind schlagend an eine himmlische Erscheinung geglaubt hätten.

Beim Abendessen wirkten die beiden Frauen aus der Westukraine wie aufgetaut von der Sonne und der Erwartung eines Bads im Schwarzen Meer. Sie stellten Fragen, wollten plaudern, versicherten einander abwechselnd, in Czernowitz beziehungsweise in Lemberg spreche man das allerbeste, das allerreinste und wunderbarste Ukrainisch. Als Lena abräumte und die Reste begutachtete, die wohl an die Kupferhaarige gehen würden, um dann an die Streunerhunde verfüttert zu werden, fragte ich sie, wann man denn an dem Hotel gebaut habe, dessen Ruine dort am Hang stand, und ob es Aussicht auf Fertigstellung gebe.

»Ach das«, sagte Lena wegwerfend, »das steht schon immer da.« Und ja, natürlich werde es fertiggestellt. Sicher bald. Nächstes Jahr.

Die weißen Flecken auf der Landkarte von Kurortnoje färben sich ein. Die potentiellen Löwen verziehen sich. Mit dem vagen Ziel, über den Ausläufer am westlichen Ende unserer Bucht eine Abkürzung zum Sonnental zu finden, sind wir an eine Art Hafen geraten. Hinter dem »Vergnügungsviertel«, den verriegelten Buden mit ihren Wandmalereien und den abfallübersäten Aussichtsterrassen, auf denen Gras aus den Ritzen wächst und Pfützen stehen, beginnt ein anderes Stück Strand. Hier sitzen etliche Angler auf einer Art kurzer Mole, die der Länge nach von rostigen Eisengerippen undefinierbarer Funktion gesäumt ist. Auf dem Kieselstrand befinden sich mehrere überdachte Flächen nebeneinander aufgereiht. Manche ebenfalls verrostet, mit löchrigen Überdachungen, grobem Betonfußboden, andere sind neuer, die Eisenträger blau gestrichen, das Dach aus gewelltem Plastik. Markthallen? Unterstände? Die hiesige Version von Strandkabinen? Wir rätseln. Ein paar hundert Meter weiter hört der Strand auf, Boote unterschiedlicher Größe hängen in eisernen Verankerungen. Winterquartier oder Alteisensammlung? Oberhalb der Uferböschung, als Abschluss dieses Winterlagers der Kurortnojer Boote, ein paar Häuser, nicht bewohnt, eher wie Werkstätten oder Fischereibüros. In anderen Jahreszeiten, bei anderem Wetter haben sie sicher eine Funktion. Lagerschuppen für Werkzeuge und Flickmaterial oder Fischereizubehör. Schreibstuben mit Listen der gefangenen Fische.

In der Ferne sehen wir Schiffe aus einer Bucht gleiten. Ein großer

Kahn, eine Art Dampfer, auf die Entfernung lässt es sich nicht genau ausmachen.

Dieser Strand mitsamt dem Hinterland ist ein unergründlicher Streifen. Er gibt noch mehr Fragen auf als die anderen Teile des Orts. Was ist der Ursprung der Gerippe und Gestelle? Ein riesiger Betonbrocken liegt als Insel draußen im Wasser, nicht weit vom Strand. Ich tippe auf eine Sprengung. Vielleicht schon im Zweiten Weltkrieg. Oder danach. Wohin damit? Keiner wusste Rat. So kommt es zu Landschaft. Jetzt gehört dieser Brocken hierher. Die Hänge sehen aus wie aufgebaggert, zerfurcht, zerstört. Eine Rohbauruine, aus der schon Gräser sprießen (auch die Gräser sind grau), trägt eine große Graffitiaufschrift.

Die Angler brechen auf. In ihren Eimern tragen sie hoffentlich einen Ertrag dieses Nachmittags heim. Wir gehen bis zum Ende der von so viel rostigem Eisen beschirmten Mole, von hier aus sieht man den Ort wie zweigeteilt: Wo wir stehen, ist fast alles grau, die Hänge, die zerfallenden aufgegebenen Bauten, der Strand, die Boote. Straßen, Wege, die im Steppengras enden. Daneben beginnt, wie auf Kommando, die pastellfarbene Urlaubsidylle von Kurortnoje, wie zufällig dahingewürfelt, schräg und quer zueinander. Eine Prachtanlage mit vielen Giebeln steht so, dass man von den Balkonen aus auf die große Bauruine am Hang blickt und nicht aufs Meer.

Von hier aus können wir die bunten Graffiti an der meerwärtigen Seite der Teleskopanlage erkennen, auf »unserer« Seite des Ortes.

Wir steigen den Hang hinter den Bootsgestellen hinauf, einen Trampelpfad. Blicken von oben in ein Tal mit ein paar kleinen Buden, wahrscheinlich sind auch das Datschen. Provisorischer als am Fuß des Karadag. Sie erinnern mich an die Lager der Obdachlosen im Wäldchen vor Budapest, die man vom Zug aus sieht. Dort wie hier diese notdürftig zusammengezimmerten Hütten, aus Plastik, alten Planen, Segeltuch, Brettern, Lumpen, doch auch – mit Ofenrohr!

Auffällig: Wir sehen keine Tiere. Außer Möwen.

Aus dem Weg ins Sonnental wird nichts. Stattdessen steigen wir den Hang hinauf zu der großen Ruine. Sie steht an so erhabenem Punkt, sollte aus diesem Gebäude ein Hotel werden oder ein exklusiveres Kurheim als unten an der Promenade? Vielleicht, vielleicht. Mit Blick auf die Sprenginsel. Die Schrift am oberen Rand: *We are the best you cant expect*. Ein Fehler oder absichtliches Rätsel? Andere Graffiti, in russischer (ukrainischer?) Schrift. Dynamo Kiew. Ein kleiner Galgen, früher mal rot, jetzt braunschwärzlich, wie altes Blut. Nur in einzelnen Betonporen hat sich helles Rot erhalten. Zum Glück ist kein Opfer in die Schlinge gezeichnet. Vielleicht mussten die Sprüher die Flucht ergreifen, bevor sie die Schlinge ausfüllen konnten. Auf einem Stück Wand hinter Gestrüpp: *punk is not dead*.

Die Geheimgeschichte von Kurortnoje. Wann gab es hier Leute (Jugendliche?), die umherliefen (nachts?) und Graffiti sprühten? Ich glaube, ich habe in diesen Tagen noch keinen einzigen Jugendlichen hier im Ort gesehen.

Am Abend plaudert man über Ukrainisches. Literatur, Filme, Kunst. Wer kennt Boris Mikhailov? Niemand. Alle kennen nur Michalkow, der ja Russe ist (immerhin jedoch Wertinskijs Schwiegersohn gewesen wäre, doch jener war da schon tot). Wir beschreiben die großen Farbfotos. Kreuzabnahme mit Obdachlosen aus Charkiw. Kennt niemand. Die älteren Fotos von Badenden, die sich in den Kühlseen von Atomkraftwerken aalen. Keine Reaktion. Dafür kennen wir kaum etwas von den Filmen und Büchern, die uns genannt werden. Auch wir sind Nichtswisser.

Über die große Bauruine weiß auch niemand etwas, dort drüben auf der anderen Seite von Kurortnoje sind die Gäste noch nicht gewesen.

Angeblich soll es bald schon so warm werden, dass man baden gehen kann.

Später, auf dem Zimmer, fällt uns die »Krymskaja Fotomania« von Mikhailov ein. Den Titel hätten wir nennen sollen. Oder lieber doch nicht.

Die Babelsberger Gäste haben uns eingeladen, mit ihnen im Mietauto eine Tour durch die »berühmte« Krim zu machen. Ich habe sofort zugesagt. Morgen nach Balaklawa.

An der Poststation trafen wir einige Reisende, die ratlos auf Pferde für die Weiterreise warteten. Zwei Herren, die in unsäglichen Podoroschna-Kutschen geradewegs von Moskau aus gekommen waren, saßen hier seit vierundzwanzig Stunden, die sie damit zugebracht hatten zu rauchen, Trauben zu essen und zu schlafen, und teilten uns mit, es sei sehr unwahrscheinlich, dass wir vor dem nächsten Tag Pferde bekommen könnten. Sie hatten dem Postmeister ein höheres Schmiergeld gegeben als alle anderen Unglücklichen unter diesem Dach und waren ganz offensichtlich bereit, auch uns zu überbieten, also ließen wir uns auf keinen fruchtlosen Wettstreit ein, sondern diskutierten lieber über das bewundernswerte System, dessen Leidtragende wir alle gemeinsam waren. Ich war gerne bereit zuzugestehen, dass sich kein anderes Land mit den hiesigen Gepflogenheiten messen konnte.

Es ist außerordentlich, dass zwei einander so unähnliche Völker wie die Amerikaner und die Russen eine markante Eigenschaft miteinander gemein haben. So sehr sie sich auch in Gemüt und Gewohnheit unterscheiden, herrscht doch in beider Brust ein ganz ähnliches Gefühl, das sich auf eine Art und Weise manifestiert, deren der Reisende schnell überdrüssig wird. Und dennoch, auch wenn in beiden Ländern ein undifferenzierter Patriotismus den Reisenden mit gleicher Intensität überwältigt, kann man diesen doch fairerweise nicht ganz und gar identischen Gefühlsregungen zuschreiben. Beim Amerikaner ist seine persönliche Eitelkeit betroffen; seiner Empfindung nach hat er selbst Anteil an dem ruhmvollen Werk, für das er des Reisenden Bewunderung einfordert, und, zu Recht stolz auf die Leistung seines Landes und die Errungenschaften seiner Landsleute, verleiht er seiner Genugtuung ungehobelten Ausdruck. In aufrichtiger Hingerissenheit äußert er sich auf eine Art und Weise, der es nicht an Ehrlichkeit, sondern an Manieren mangelt. Der feinst erzogene Russe jedoch wird geplagt vom nagenden Bewusstsein seines angeborenen Barbarentums und hofft, durch fortgesetzte lobende Hervorhebung der hohen zivilisatorischen Errungenschaften seines Landes und dessen Einwohner, den auswärtigen Zuhörer allmählich dazu zu bringen, Zweifel an der Zuverlässigkeit der eigenen Sinneseindrücke zu entwickeln und ihm Glauben zu schenken. …

Gerade wollte ich die Richtigkeit meiner Überlegung an einem Beispiel belegen, als der Postmeister mit der Nachricht erschien, ein deutscher Siedler, der mit einem Wagen voll Kartoffeln auf dem Weg nach Jalta sei, habe angeboten, seine Ladung gegen die beiden Engländer einzutauschen. Wir machten uns sogleich auf, um mit dem Menschen zu verhandeln, und trafen ihn in einer Art Karawanserei an, wo er in Gesellschaft etlicher Armenier und Tartaren phlegmatisch paffte. Es war eine große, weitläufige, orientalisch anmutende Örtlichkeit. Am einen Ende wurde die Menge in einem teils überdachten Pferch mit Wasserpfeifen und Kaffee versorgt. Pferde, Ochsen und Büffel standen überall auf dem Hof an die eigenwillig gebauten Karren geschirrt, zu denen sie gehörten. Bauern und Händler der verschiedensten Nationen kamen hier zusammen, sie alle sicher auf dem Heimweg von dem großen Jahrmarkt.

Nach einigem Hin und Her konnten wir den Deutschen überreden, uns für ein Pfund Sterling in das dreißig Meilen weit entfernte Jalta mitzunehmen. … Im Triumph zogen wir in unserer Kartoffelkarre aus dem Hof und ließen unsere russischen Freunde in ihrer Kutsche sitzend zurück … Unser Fahrer war ein wohlhabender Bauer, der aus Rosenthal kam, einer großen Kolonie mit fünfhundert Anwohnern, wie er schilderte, die einen weiten Teil des Landes bestellten. Er war ein bemerkenswert uninteressantes Exemplar seiner Rasse und hatte uns wenig über das Dorf zu erzählen, in dem er geboren und aufgewachsen war.

8

Dann hieß es endlich: Auf in die romantische Krim! Zu fünft zwängten wir uns in ein Mietauto. Es war sehr früh an einem Sonntag, noch dämmrig und kalt. Die Sonne ging auf, als wir am Ende der kleinen Straße aus Kurortne, kurz hinter dem stillen Friedhof, nach links abbogen, in Richtung der Berge hinter Sudak. Auf der Landkarte zeigte sich der Weg nach Nordwesten als eine hauchdünne gewundene Spur, die sich, von wenigen Ortsnamen gesäumt, durch mäßig hohes Gebirge zog und irgendwo bei Simferopol auf eine größere Straße stieß. Trotz der frühen Stunde sah man im nächsten Dorf kleine Gruppen von Frauen zum Laden schlurfen, sie trugen Taschen und Gefäße, eine Frau in Kopftuch und Schürze sperrte die Tür zu einer barackenartigen Ambulanz auf, vor einem kleinen Gasthaus standen drei Männer, Tataren in Bastschuhen, die Pfeife rauchten. Wo auch immer ich Tataren sah, bemerkte ich ihre Unbeteiligtheit im Blick, in ihrer Haltung. Sie gingen, sie standen, sie trugen und schoben, sie waren am Ort, als hätten sie nichts zu tun mit dem, was um sie herum vorging, oder als wollten sie keinen Anteil nehmen. Als gehörten sie hierhin, doch nicht dazu. Die russischen Frauen, die ich auf der Straße sah, blickten neugierig, verbittert, besorgt, schweigend, schimpfend, plaudernd, ich meinte, mir vorstellen zu können, was in ihren Köpfen vorging. Die Tatarenfrauen hingegen schritten oder standen wie eingehüllt in eine durchsichtige, doch undurchdringliche Wolke der Unnahbarkeit, die weniger mit Stolz zu tun hatte als mit einer Art gelassener Unbefasstheit mit mir als Zufallsfremder, die ihren Weg kreuzte. Ich sah sie nicht bei Verrichtungen von Arbeit und auch nicht beim Einkaufen, obwohl sie mit Körben voll Lebensmittel am Straßenrand gingen. Sie waren nie unfreundlich, nur stets so in ihr Schreiten und Stehen und schräg vor sich Schauen vertieft, als gäbe es nichts Wichtigeres. Auch die drei Männer vor dem Gasthaus, das vielleicht nur eine Teestube war, ähnlich wie die in den niedrigen Holzhäusern an den Hängen von Sarajewo, die wir vor vielen Jahren gesehen, aber nie betreten hatten, standen in so fester Ruhe da, in diesen kalten Oktobermorgen geheftet und damit versöhnt. Ich wusste zu wenig über Krimtataren, um mir eine Erklärung für ihre Ruhe, ihre Eingehülltheit, ihre Unaufgeregtheit zurechtlegen zu können. Oliphant, der mit sarkastischer Verachtung durch dieses Land gereist war, hatte den Tataren mehr Achtung gezollt als den Russen und vielleicht war es etwas aus seinem Blick auf die Menschen in dieser Landschaft, was sich auf mich übertragen hatte.

Hinter dem Dorf tauchte die Straße in den Wald ein und führte bergauf. Ab einer bestimmten Höhe boten sich von den lichteren Stellen an den scharfen Kehren abwechselnd Blicke nach Süden und Norden. Das Meer im Süden glitzerte, flimmernd verschwand jede Grenze von Wasser und Himmel, der schiefe Horizont hatte sich aufgelöst, selbst der ferne Karadag hing nur als Schatten im Licht, ungewiss seiner Zugehörigkeit zu Land, zu Himmel oder Meer. Nach Norden hin streckten sich bewaldete Bergrücken, der Wald hatte eine unwirkliche Buntheit, von der wir aus der Ferne, aus der Bucht von Kurortne, wo wir nur dem Anblick steppiger Hänge und der Felsen mit wenigen Pflanzen der Kargheit ausgesetzt waren, nichts geahnt hatten. Manche Bäume strahlten in einem geradezu beängstigenden Tiefrot, andere in sattem Orange, die Farben brachen sich in den Tropfen, die Tau oder tauender Reif sein mochten, und als eine Wolke die Sonne verdeckte, wurden die Farben stumpf und düster, ein Windstoß füllte die Luft mit dunkelrotem, dunkelorangem, braungelbem Geschnipsel aus Laub, das nach den ersten frühen Frösten gerne fiel, bis die Sonne wieder kam, der Wind sich legte, die Blätter wieder in ihrer taurisch-unwirklichen Buntheit strahlten, als hätte es Wolke, Stumpfheit, Wind und Blätterfall nie gegeben.

Tief im Wald und auf ziemlicher Höhe, wo sich auch keine Blicke auf Meer und den weiteren Bergrücken auftaten, wurde die Straße breiter, andere breite, von schweren Reifen durchpflügte Wege stießen dazu, ein Platz öffnete sich und wir befanden uns in einer Siedlung. Wir sahen Wohnblocks mit rissigem Putz, einige teils noch bewohnt, andere offenbar verlassen, Fenster hingen schief aus den Angeln, Gestrüpp reichte bis zu den Fenstern im Erdgeschoss. Die Straße schien ausgestorben, wir gerieten an ein großes Tor zu einem abgesperrten Gelände, Barackenreihen, in der Ferne, vor dem Zaun am Waldrand, Männer mit Waffen am Gürtel und in Tarnanzügen, die in soldatischer Formation und unter Anleitung gebückten Dauerlauf übten und sich auf ein Handzeichen hin alle auf die Erde fallen ließen. Aus einer Bude neben dem Tor trat ein Mann mit einem Gewehr, angesichts seines Blicks beschleunigte der Fahrer unseres Autos, ohne dazu ermutigt zu werden, der Ort schien feindselig, ja gefährlich, der Weg führte am Zaun des Truppengeländes entlang, und verstohlen aus den Autofenstern blickend nahmen wir jetzt wahr, wie viele Männer in Tarnanzügen plötzlich hinter dem Zaun sichtbar wurden, herumstanden, Gewehre befingerten. Auf einem Nebenweg war ein Trupp Männer in soldatischer Kleidung dabei, unter dumpfen Rufen wie aus einer Kehle einen schweren Militärlastwagen anzuschieben, der offenbar in weichem Waldboden festgefahren war. Wir sahen weitere Baracken und Wohnblocks, einen kleinen Spielplatz mit Schaukel, Rutsche, Wippe, zwischen denen das Gras schon herbstfahl und trocken stand, nicht einmal ein kleiner Trampelpfad durch die Halme zeichnete sich ab, abseits der Straße lag ein allem Anschein nach stillgelegtes kleines Werk, die Fensterscheiben waren eingeschlagen, Moos hatte sich in den Rillen des Wellblechdachs angesiedelt. Was war unheimlich? Das Nebeneinander von Kahlschlag und wucherndem Gestrüpp? Das Verschmelzen der Tarnanzüge mit dem Waldhintergrund, der mit einem Mal nichts mehr von den strahlenden Farben hatte, vom Glitzern und Leuchten der Rot- und Gelbtöne längs der Serpentinenstraße? Die Soldaten schenkten uns wenig Beachtung, trotzdem fühlten wir uns beobachtet und entschieden uns an einer Kreuzung im Ort für die Richtung, die uns auf direktestem Weg von den Soldaten wegzuführen schien. Nach wenigen Metern fanden wir uns auf einem holprigen Weg zwischen alten Bauernhäusern mit geschnitzten Giebeln und kunstvollen Zäunen um die Obst- und Gemüsegärten. Kinder standen an Gartenpforten wie dazu bestellt, blondzopfige Mädchen, Jungen in kurzen Hosen. Sie winkten, alte Frauen in geblümten Kopftüchern schüttelten unterdessen Äpfel von den niedrigen, knorrastigen Bäumen. Der Wald umstand das Dorf nah, doch nicht zudringlich. Wie eine versprengte Filmkulisse lagen die alten Häuser und Gärten im hellen Morgenlicht da. Waren das die Wohnstätten für besonders tapfere Soldaten? Nach unseren Kurortner Eindrücken erschien es unwahrscheinlich, dass diese altmodischen Häuslein mit ihrem Schnitzwerk und den verwunschenen Gärten samt Hühnervolk als Belohnung gelten konnten. Vielleicht diente das Dorf einem Erholungsprogramm, dem kurzfristigen Rückzug in eine zurechtgezimmerte Idylle, die von dem, was man mit Hingabe als Wunscherfüllung in die Tat umsetzte – elektronisch überwachte Reihenhäuser mit viel Metall, pastellfarbene Palästchen mit Ausblick und zuckerweißem Geschnörkel um Scheinkapitelle und Trutzvillen –, weit entfernt war, doch etwas lieblich der Vergangenheit Angehörendes vorgaukeln mochte, das vom Drill ermüdete, erschöpfte Soldaten wieder auf den Pfad straffer Zuversicht bringen könnte.

Wir hingegen waren eher verwirrt und wussten nicht so recht, was wir gesehen hatten, was wir hatten sehen wollen, was sich uns vorgegaukelt hatte. Ein Bitterdorf und ein Honigdorf, tief im Wald und von jedem Wegweiser im Stich gelassen. Der Weg bergab führte über eine schlaglöchrige, enge Straße, auf der uns nur einmal ein Mann mit einer schwarz-weißen Ziege entgegenkam. Die Ziege trottete mit einer bei Ziegen außergewöhnlichen Gefügigkeit hinter dem Mann her, ohne am Strick geführt zu werden. Ein kleiner Trupp Soldaten quälte sich abseits der Straße den Berg hinauf, im Dauerlauf über Stock und Stein und Wurzeln, ihre Tarnanzüge fielen auf durch ihre Stumpfheit zwischen den leuchtenden Bäumen. Halb rutschend, halb fahrend erreichten wir schließlich ein Stück Asphalt am Fuß des Berges, der Wald blieb hinter uns, zu beiden Seiten des Asphaltstreifens wuchs Gras, dehnte sich ein Wiesenstück, und schon hatten wir eine größere Straße erreicht, ein Wegweiser zeigte: *Staryj Krym, Simferopol.* Nach dem holprigen Waldweg erschien uns die Straße befremdend glatt und neu. Hier und da standen Bauersfrauen an der Straße und gaben ein Handzeichen, um mitgenommen zu werden. Neben den Bäuerinnen Eimer und Körbe mit Trauben und Nüssen. Weit und breit kein Dorf oder Garten zu sehen, wir fragten uns unwillkürlich, von woher sie hierher geraten waren. Irgendwo sahen wir einen schlammbespritzten Kleinbus anhalten, keine Marschrutka, ein höheres, längeres, sehr altmodisch aussehendes Gefährt, in dem Männer mit identischen Schirmmützen saßen. Die Bäuerin tat einen Schritt darauf zu, im Vorbeifahren ließ sich nicht feststellen, ob die Männer ihr etwas abkaufen oder einen Mitfahrplatz anbieten wollten.

Der Himmel bewölkte sich, bei Simferopol setzte dünner Regen ein. Wir verirrten uns gleich in den Außenbezirken. An allen Kreuzungen, Ecken, Kreiselverkehrspunkten zeigten Schilder nach Sewastopol, das war unsere Richtung mit dem ersten Ziel Bachtschyssaraj. Doch welche Straße wir auch nahmen, immer wieder gelangten wir in ähnliche Viertel an leicht abschüssigen Straßen, kleine, schiefgedeckte Häuser mit Geschäften, Bäckereien und Teestuben mit beschlagenen Fenstern, Moscheen, Tataren, die in Gruppen an Ecken standen und plauderten, rauchten, Sonnenblumenkerne kauten. Diese Straßen mit ihrer leisen und fast freundlichen Unordnung hatten nichts mit der Stadt gemein, die wir am Ankunftsabend im Regen gesehen hatten, hier gab es nicht einmal Tankstellen. Verwilderte Brachlandstreifen mit überwucherten Gebäuderesten, Fabriken, Werkstätten, aufgegebene Orte, stille Untätigkeit und dennoch eine Dichte und gelassene Lebendigkeit wie noch an keinem anderen Ort, den ich auf der Krim gesehen hatte. Vom Kamm eines Hangs aus öffnete sich der Blick auf ein Dächermeer, rötliche alte Ziegel, Wellblech, flache graue Asbestplatten. Rauch kräuselte aus kleinen runden Schornsteinen, manche Oberflächen glänzten im Regen. Man ahnte Höfe, hier und da ragte ein Baum zwischen den Häusern auf, ich stellte mir vor, dass es Walnussbäume waren, um die man in warmen Sommernächten saß. Der Himmel hing tief darüber, man blickte nicht weit, doch ließ sich ahnen, wie orientalisch es hier einmal zugegangen sein mochte.

Wir folgten von dem Hügelkamm hinab einer Straße – auch diese sollte nach Sewastopol führen –, verhedderten uns in einem Gewirr von Fahrbahnen unter einer großen neuen Brückenanlage, ein unfertiges Stück Hochstraße, das irgendwo in der Luft abbrach, auf dem öden Stück Baustellengelände darunter – eine teils schon von hartem Gras und Wermut übernommene Erdhügellandschaft – kreisten Jugendliche halsbrecherisch auf Mopeds. Die Straße, der wir folgten, führte in eine große Wohnblocksiedlung, wie ich sie schon vermisst hatte. Wo gab es eine Stadt in Osteuropa ohne diese Klötze mit bröckelndem Putz, die Spuren rostiger Rinnsale unter Balkons und Fensterbänken, diese Spielplatzreste, die kümmerlichen Grasnarben zwischen Abfall und

Trampelpfaden? Die Straße dehnte sich unvermittelt breit aus wie ein Platz, durchzogen von rostigen Schienen, die zwischen den Blocks und einem Gelände verliefen, das hinter einem Bauzaun verborgen lag. Dann zerkrümelte sie zu einem schlaglochübersäten Feldweg, der sich zwischen grau bestäubtem Gestrüpp in die Ferne verlor.

»Sewastopol?« Ich stellte die Frage sicher schon zum fünften Mal, diesmal einer Familie mit drei kleinen Mädchen, die gerade in ihren alten grünen Moskwa steigen wollte. Die Mädchen trugen Haarschleifen wie in den sowjetischen Kinderfilmen, die mich vor Jahrzehnten so fasziniert hatten. Der schnauzbärtige Mann wedelte freundlich mit der Hand in eine undefinierbare Richtung. »Geradeaus und links!«, sagte er mehrmals hintereinander, warf seiner Frau einen zustimmungsheischenden Blick zu. Jawohl jawohl! Sewastopol – geradeaus und links.

So fanden wir uns kurze Zeit später auf einer großen Ausfallstraße Richtung Südwesten. Simferopol lag hinter uns. Links die Berge, rechts das Land, das sich nach Nordwesten zu sanft neigte und in Marschland auslaufen würde. Rechts der Straße verlief die Eisenbahnlinie, einmal kam ein Zug aus der Richtung Sewastopol. Schilder wiesen auf Orte mit Namen wie hundertjahrealte Kleingartenanlagen der Arbeiterbewegung: *Trudoljubowe, Aromatne, Rosowe.* Ich überlegte kurz, ob *Rosowe* das alte Rosenthal sein mochte, eine schweizerisch-deutsche Siedlung aus dem 19. Jahrhundert, die der Pastor David Weigum in seinen Jugenderinnerungen beschrieb, nachdem er selbst sich wieder in der Schweiz niedergelassen hatte. »Steppe unterm Pflug« heißt sein tatarisch-gelassener Bericht voll von Verlusten, in denen die Landschaft und die darüber hinwegziehenden Wetter eine Zuflucht der Leere bieten.

Zur Linken die Berge, schroff und kantig, Schluchten zeichneten sich ab, Einschnitte, Gebirgsdramatik. Kleine Straßen führten ins Gebirge hinauf, behaupteten bis nach Jalta zu führen, dort oben mochte es Schnee geben, Eis und andere Unbilden. Oliphant war von Simferopol aus durch diese Berge gereist, im Sommer, und hatte in Tatarenhütten und Höhlendörfern übernachtet, eine Reise über Stock und Stein, den letzten Abschnitt im Kartoffelkarren eines deutschen Bauern aus David Weigums Rosenthal.

Bachtschyssaraj kam uns auf den ersten Blick vor wie eine zerstreute Siedlung mit einem kleinen Bahnhof an der Strecke Sewastopol – Simferopol. Am Ortseingang prangten Wohnblocks aus der Sowjetzeit mit offenbar restaurierten und aufpolierten Mosaiken, die im bekannten eckig-wuchtigen Stil Mutter- und Arbeiterschaft priesen. Auf einem Platz war Markt, die ausgelegten Waren unterschieden sich nicht von dem, was wir in Feodossija gesehen hatten. Männer lungerten in kleinen Gruppen herum und tranken Bier, Frauen wuchteten Einkaufstaschen, spitzschnauzige kleine Hunde machten sich an Abfall zu schaffen. Eine Frau, die schwer an ihren Einkäufen trug, wollte uns den Weg zu den Sehenswürdigkeiten zeigen, wenn sie ein Stück mitfahren könnte. Sie ließ sich mit Mühe davon überzeugen, dass der Platz nicht reichte. Schulterzuckend reckte sie schließlich ihr Kinn in die Richtung, aus der wir kamen. »Geradeaus und rechts«, warf sie uns hin und wandte sich zum Gehen.

Das alte Bachtschyssaraj liegt in einem schmalen Tal zwischen wulstigen Felsentürmen, die wie steingewordene Riesenpflanzen aus den mit dünnen Gras- und Moosnarben gesprenkelten Bergterrassen ragen. Felsenpilze und -strünke, wie aufgestellt und angeordnet für ein längst in Vergessenheit geratenes Spiel. Eine Landschaft für ruhelose Gemüter, die um solche Anordnungen kreisen, um diese vermeintlichen Spuren einer Einmischung von Märchen in die Natur.

Wie zu Oliphants Zeiten säumten Buden die Straße, die tiefer ins Gebirge führte. Manche waren geschlossen, an diesem kalten Tag, an dem einzelne dünne Schneeflocken fielen, waren kaum Besucher zu erwarten. Die missmutigen Händler priesen ihre Waren, wie sie es auch schon zu Oliphants Zeiten getan haben mochten. Auch wenn die ausgelegten Stücke anders aussahen als die Socken und Handschuhe in Feodossija, waren auch sie sicher nicht mehr von funkeläugigen Handwerkern in den Halbkellern der nach türkischem Stil erbauten Häuser längs der Straße angefertigt worden. Fellmützen, Tongefäße, Ledertaschen, Billigschmuck und frommes Zubehör für Christen auf dem Weg zum Himmelfahrtskloster, billiger, von billig entlohnten flinken Händen in werweißwelcher Ferne hergestellter Schnickschnack, mit dem sich kurzfristig Träume von verflossenen Idyllen möblieren ließen, während die gelangweilten und frierenden Händler lange Gespräche auf ihren Mobiltelefonen führten.

Bachtschyssaraj erschien als kultivierte Enklave der Vergangenheiten. Die Gegend, die wir eben durchfahren hatten, blieb hier ausgesperrt und vergessen. Zwischen den seltsam geformten Gebirgstürmen, die sich den Gesetzen der Schwerkraft zu widersetzen schienen, schob sich das enger werdende Tal weiter nach Südosten, Richtung romantische Krim. Richtung Puschkin, Mickiewicz, Landschaftsbombastik. Die orientalischen Holzhäuser, die geschlossenen Ausflugslokale, die auf Kurztourismus eingestellten Karawansereien, deren Bedienstete trotz der Kälte nur schulterzuckend Plätze im Freien anzubieten hatten, wurden spärlicher. Irgendwann brach die Straße ab. Ab hier musste jeder zu Fuß gehen, doch niemand war unterwegs zu den weiteren Attraktionen, dem orthodoxen Kloster und der Höhlenstadt Tschufat Kale, der Karaitenhauptstadt der Krim, die etliche polnische Reisende im 18. und 19. Jahrhundert beeindruckt hatte, ganz im Gegensatz zu Oliphant, der sie als ausgestorben beschreibt, eine Art Totenstadt, durch die nur noch gelehrte Greise geistern.

Hinter einer Mauer, unter herbsttrocken wispernden Eichenblättern an schmalen Bäumen lag der Karaitenfriedhof. Eine unübersehbare Gräberstätte unter altem Laub und Moos in der kalten Stille dieses Mittags zwischen den Bergen. Ich fühlte mich wie eine Blinde bei dem Versuch, die kaum zu entziffernden dicht gedrängten Schriftzeichen auf den Grabsteinen tastend zu erlesen, und gab den Versuch schnell auf. Den Karaiten war ich vor Jahrzehnten zum ersten Mal in Eliza Orzeszkowas Roman »Meir Ezerofowicz« begegnet, einem Stück romantisierender Besserwisserei aus dem 19. Jahrhundert, von dem mir wenig mehr in Erinnerung geblieben war als die Strenge dieser altgläubigen Versprengten, ihre Un-Talmudischkeit, ihre Hinnahme des blanken Worts und ihre Hingabe daran. Der Karaiten Unwilligkeit zu deuten war befremdend, sie wollten oder konnten die Wörter der Schrift nicht drehen und wenden, auf Bedeutungen hin abklopfen, hielten sich ans Festgeschriebene und aneinander. Zum Sterben reisten sie zu den bedeutenden Friedhöfen ihrer Gemeinschaft, hier wollten die Karaiten der Krim begraben sein. Ich stellte mir die Siechenkarawanen vor, die durch dieses Tal gezogen sein mochten, die Reisen am immer dünner werdenden Faden des Gebrechens, das Warten aufs Sterben im Schatten der Bäume, der Berge, in der sommers sicher brennenden Sonne und gleißenden Kargheit. M. brachte die Erinnerung an Indien auf, an die Sterbenden und Halbtoten, die um jeden Preis mit einem Fuß im Ganges sterben wollten und sollten, an den süßlichen Geruch der Kremationsfeuer, die an den großen Sterbeorten den Fluss säumen.

Es war ein schöner Friedhof bei Tschufat Kale. Beim Betrachten und Betasten eines geborstenen Grabsteins mit den unleserlichen Buchstaben darauf erinnerte ich mich an den Karaitenfriedhof im Hinnomtal in Jerusalem, wo die Grabsteine nicht dunkel und verwittert waren wie hier, sondern sandsteinhell und gebleicht, es raschelte zwischen Geröll und struppigen Pflanzenwischen, ich fürchtete Schlangen, es war sehr heiß, trotzdem hatte ich auch dort versucht, etwas zu entziffern, und meinte jetzt aus der weiten Ferne der Erinnerung, auf dem Bruchstück eines Steins meinen Vornamen gelesen zu haben. Am Hinnomtal hatte ich zum ersten Mal einen Muezzin aus dem arabischen Teil der Stadt zum Gebet rufen gehört, vor Tagesanbruch schwebten die Töne durch das grünblaue von keinem Wind bewegte Dunkel über den Karaitenfriedhof, das Geröll und Gestrüpp und die Schlangen hinweg in mein Zimmer in Jerusalem.

M. streifte etwas ratlos zwischen den Gräbern, ganz um das Vergnügen gebracht, Namen zu lesen, Daten zu erkennen und daraus Fäden zu drehen, die ein Grab an Gegend, Gelände und Geschichte banden. Wir kehrten in den Ort zurück und fanden hinter der Moschee ein Gegenstück zum karaitischen Gräberwald: den Friedhof der Khane. Unter herzblättrigen Bäumen – Linden, dachte ich, der Slawenbaum zwischen moslemischen Gräbern – und Kastanien, angrenzend an die alten Badehäuser und die Moschee des Palastkomplexes, lag die stille Insel der Gräber mit ihren hohen Grabsteinsäulen und Kronen aus stilisierten Turbanen. Die Steinsäulen, manche schief, geborsten, gebrochen, alle von Moos bedeckt und vom Wetter der Jahrhunderte um ihre zarten Inschriften gebracht, hatten etwas von versteinert-verzauberten Gestalten, die dort – aus Trauer, Einsamkeit und Schwere der großen Vergangenheit – festgewurzelt waren. M. und ich mussten unwillkürlich an die grellweißen Friedhöfe in Bosnien denken, deren turbangekrönte Grabsäulen man schon von weitem in der grünen Gebirgslandschaft sah, steingewordene Klageheere. Die Bäume auf dem Friedhof der Khane waren noch grün, nur einzelne etwas gilb gewordene Blätter rieselten zu Boden, als wären es unsere leise gesprochenen wenigen Wörter, die sie von den Zweigen lösten. Zwischen den Gräbern standen verwilderte Rosen hier und da, Gül, die Blume der Ewigkeit. Das Gras hatte lange niemand geschnitten.

Auf der Fahrt von Sewastopol an der Küste entlang fiel ab und zu feiner Schnee wie ein Trugbild, winzige weiße Gespenstergestöber, keine Flocke blieb liegen, auch nur am Autofenster haften. Die Namen auf den Schildern – *Foros, Alupka, Simeis* – weckten vage Erinnerungen an Gelesenes, griechische und tatarische Klangspuren am Südrand des Russenreiches. Unsere Mitfahrer hielten an Aussichtspunkten an, an denen Grandioses zu erwarten war. Beim Blick in die Schluchten zwischen Klippen, auf die monolithischen Ungeheuer, die sich in den Meerblick drängten, zum bleiernen Horizont verschlug uns eisiger Wind die Sprache. Unten das Meer, rechts, links, hinter uns die Felsen, die unweigerlich Furcht oder Ehrfurcht weckten, riesige Tiergestalten, Körperteile, Schroffheiten, geformt, geklüftet, geritzt und bekritzelt von Zeiten, die ihrerseits unbeschrieben geblieben waren, Zeiten vor den Worten, die ihnen hätten Namen geben können. Landschaft, die in ihrer Wucht unversehrbar ist, aber auch den Blick verstellt. Hier siedeln sich Legenden von selbst an, weil sie nicht mehr weiter können. Sie bleiben hängen in den Schluchten und Rissen, an den Vorsprüngen und Zacken dieser Berggestalten. Ich stellte mir vor, wie man hier immer das Meer im Auge behalten musste, um nicht vom schieren Anblick dieser Felsen erdrückt zu werden.

Es war keine Landschaft, wie sie mir gefiel, ich starrte hinaus aufs Meer, das so grau dalag, als wollte es bald seinem Namen gerecht werden und ganz erdunkeln.

Jalta erreichten wir am Nachmittag. Wir suchten Tschechows Haus auf, eine größere, aufwendigere Touristenattraktion als das Grin-Museum in Feodossija, doch auch mit ergebenen Ordensschwestern der Obhut des literarischen Erbes. Alles war angeblich so geblieben, wie Anton Pawlowitsch es angelegt, hinterlassen, gewünscht hatte. Manche Bäume waren riesenhaft, man mochte sich fragen, in welcher Größe sie Anfang des 20. Jahrhunderts gewesen waren. Wege waren gesäumt von verblühten Zinnien, ich streifte die trockenen Samen mit der Hand ab und ließ sie in meine Tasche gleiten, im Frühjahr würde ich Tschechows Zinnien in meinem Garten säen und sehen, welche Farben sie hatten. Als ich aufschaute, traf ich auf den entrüsteten Blick einer Wächterin, die im Gebüsch stand. Aber sie sagte nichts. Im Garten wimmelte es von kleinen Katzen, ähnlich drahtig, hungrig, rührend wie die am Kurortner Delfinarium. Gleich am Eingang hatte uns eine verstümmelte kleine Katze angeblickt, sie hatte ihre Nase eingebüßt, vielleicht bei einem Kampf, einem Unfall, wer konnte das wissen. Sie sah kläglich aus, wie zerbrochen, drückte sich an eine Treppenstufe vor dem Tschechow-Museum, das zu besuchen man dringend angehalten wurde. Wir gaben uns mit dem Haus zufrieden, betraten nacheinander die Zimmer, die uns gezeigt wurden, die Hüterinnen hier hatten etwas weniger Bittendes als in Feodossija, dafür waren sie bitter und bestimmt, eckige Frauen mit barschen Stimmen. Sie betrachteten die Besucher als Schüler, die ein bestimmtes Pensum zu absolvieren und ihnen zu lauschen hatten. Auf einem fettig-klebrigen, laminierten Blatt in der Sprache, die wir beim Betreten des Heiligtums als die unsere angeben mussten, hatten wir dem Text zu folgen, den sie unter Augenverdrehen leierten, zum werweißwievielhundertsten, -tausendsten Mal. Über einen kleinen kiesbestreuten Hof gingen wir in ein Nebengebäude, hier war die Küche, daneben ein Dienstbotenzimmer mit einem einfachen Bett, eine Decke lag darauf, eine Tasse stand auf dem Tisch, vielleicht schlief die Wärterin hier, die jetzt soldatisch am Eingang stand und bei jedem der einzeln Eintretenden – die Tür war schmal, die Küche eng – wie einen Befehl das Wort *icebox!* ausstieß, begleitet von einer mechanischen Geste, mit der sie auf Tschechows Urkühlschrank wies. Aus den Fenstern blickte man in das düstere Pflanzengewirr der schattenwerfenden Gewächse oder auf die von Baustellen übersäten Hänge. Jalta war eine hässliche Stadt. Ich frage mich, was hier entstanden sein mochte, mit dem Blick aufs Meer und auf die zu seiner Zeit sicher noch bewachsenen Hänge, bedeckt mit Immergrün und Kriechpflanzen, die sich um diese Jahreszeit vielleicht auch so tiefrot verfärbten wie am Karadag. Geschrieben hatte Tschechow jedoch angeblich stets in Gursuf, einem Küstendorf im Schatten des wuchtigen Bärenfelsens, dessen Abbildung mir schon Angst einflößte. Ein seltsamer Ort für Texte, in denen so viel diesiges Ebenenlicht zwischen den Zeilen schwebt.

Wir wanderten im Dämmer ziellos durch die Stadt, abgestoßen vom Hafen mit gewaltigen Kreuzfahrtschiffen und lärmigem Vergnügungsangebot, das unter dem winterlichen Himmel und ohne Publikum so hilflos klang. Überall war man bemüht, den glatten katzensilbernen Prunk als eine liebliche Besinnung auf prächtige alte Zeiten anzubieten. Auf dem breiten Boulevard spielten geschniegelte Straßenmusiker auf, ältere Frauen in sommerlichen Kleidern mit gänsehautrauen Oberarmen spazierten auf und ab, bis junge Männer sie ansprachen. Es wurde dunkel. Wir standen am Rand eines schmutzigen umzäunten Hofs, der anscheinend einst der Gastgarten eines inzwischen verfallenden Kneipenpavillons gewesen war. Hinter dem Zaun befand sich ein Katzenobdach, im weißlichblassen Licht eines schwachen Scheinwerfers wimmelten unzählige jämmerlich aussehende, von Schorf und Grind befallene Kätzchen aller Fellfarben, ein Mädchen stand bei ihnen und hielt ein Schild, das Passanten um Spenden für die Sterilisierung der Tiere bat. Abseits des Katzengärtchens fanden wir schließlich einige schöne Straßen, die von alten Holzhäusern gesäumt waren, dazwischen große immergrüne Bäume, Sträucher mit vertrockneten Blüten, die trotz der Kälte noch von einem schwachen süßlich-welken Duft umgeben waren, man ging wie in einer anderen Stadt. Auch der Geruch war anders als in den übrigen von müden, vergnügungshungrig lauernden Nebensaisonhallodris bevölkerten Straßen. Zwischen diesen stillen Häusern, auf Straßen, in denen kaum jemand unterwegs war, roch es nach Holzrauch, nach Harz und nach Meer, und zwar auf eine solche Weise, dass man den Frühlingsduft von Flieder und den Sommerduft von Oleander und Heliotrop gleich mit in sich aufnahm.

Wir verließen Jalta über eine ansteigende Straße, im Gefolge eines alten Oberleitungsbusses. Der Bus befährt die längste Trolleybusstrecke der Welt, von Jalta nach Simferopol. Im Sommer, erzählten unsere Mitfahrer, ist der Bus voller Kinder, die in das riesige Ferienlager Artek am Meer fahren, das größte Sommerlager der Welt, in Gursuf am Bärenberg, wo Tschechow saß und schrieb. Im Licht dieser Superlative ist Artek ein Topos geblieben, der die Sowjetunion überlebt hat, Sehnsuchtsort und Gelände kollektiver Erinnerung, südliche Verheißung für Tundrakinder: Schwarzes Meer, felsenbewehrtes, unerschütterliches Legendenland, bestückt mit Zitronenbäumen und Weinstöcken, das Andere und dennoch nicht Fremde, das Auch-Unsere.

Die Berge lagen als düstere, mächtige Klötze im Dunkel. Auf halber Strecke nach Simferopol kam uns eine Kolonne Militärfahrzege entgegen. Lastwagen mit schlechten Scheinwerfern, vielleicht war das Lampenglas auch nur verschmutzt von Waldwegen und schlammigem Gelände auf geheimen Trassen zwischen dem Bitter- und Honigdorf im bunten Wald und hier.

Wir brechen sehr früh auf. Für den Ausflugstag haben wir uns viel vorgenommen. Jeder will das Seine: Romantik, Antike, Krimkrieg.

Bald hinter der Küste beginnt ein dichter Laubwald. Es geht bergauf, nicht zu steil, gelegentlicher Ausblick aufs Meer und auch nach Norden, ins flache Land. Ein ganz neuer Eindruck vom Aufbau dieser Landschaft: Die Felsenberge an der Meeresseite, wie abgebrochen, abgespalten von einer anderen Küste, laufen zum Inland hin, nach Nordwesten sanft aus. Bewaldete Höhenzüge, Hänge, dann Ebene mit Obstgärten, dann Steppe (Ackerbau, Getreide). Ich habe noch nie einen so bunten Wald gesehen wie hier. Wenige Siedlungen. Eine verlassene Fabrik im Wald. Einmal verfahren wir uns und geraten in eine Art Militäranlage (Stacheldrahtzaun, Videokameras, Militärlastwagen, eine Kaserne), die aber dann in ein Bilderbuchdorf aus Holzhäusern mit Gärten übergeht. (Im bunten Wald Soldaten in Tarnkleidung beim Dauerlauf. Auch wie im Bilderbuch, aber einem anderen als die schönen alten Holzhäuser und Gärten.)

Bergab durch den Wald, die Straße beängstigend schlecht, schlammig, mit tiefen Furchen. Erleichterung, als wir endlich im Tal sind, auf einer breiten Straße, bald erreichen wir Simferopol. Schäbiges Simferopol. Wie groß wird die Stadt sein? Sie dehnt sich aus, in einem Talbecken und auf Hügeln. Enge alte Straßen mit einstöckigen Häusern ziehen sich die Hänge hinauf. Blocks aus den Fünfzigern und Sechzigern, zwischendurch auch ganz Neues, unfertig, unbewohnt. Hinter Simferopol durchquert die Straße eine Ebene mit Obstplantagen, am Straßenrand viele Stände mit Obst; Äpfel, Birnen, Nüsse. Sehr gelbe Quitten. Körbe mit Hagebutten.

Vor Bachtschyssaraj werden die Hügel wieder karger. Die Stadt selbst liegt in einem weiten Tal und wirkt auf den ersten Blick ganz anonym: eine große Fabrik, glänzende orthodoxe Kirche, Leute beim Einkauf auf dem Markt an der großen Durchfahrtsstraße. Viele Tataren. Wir müssen umkehren, um zu den Sehenswürdigkeiten zu gelangen: eine schmale Straße biegt vor dem Ort ab in ein enges Tal, wie eine Krim im Miniaturformat: schroffe und bucklig gerundete Felsen, Klüfte, sanfte Hänge, Wiesen und Steppenflecken. Eine nagelneue Moschee. Ein Ort, der offensichtlich auf Tourismus eingestellt ist. Souvenirläden, Terrassen mit langen Tischen und Bänken, mit riesigen Grillvorrichtungen für die Speisung von Busladungen, heute außer Betrieb. Es ist sehr kalt, der Himmel sieht nach Schnee aus. Wir finden ein Café, wollen heiße Getränke, die Kellner wollen uns gleich warme Mahlzeiten aufdrängen, »Schaschlyk!« Vielleicht haben sie noch einen ältlichen Grillochsen im Keller. Oder ein Schaf. Ihr krimtatarischer Aufzug wirkt speckig, erinnert mich an die verfleckten Mogul-Monturen der Bedienung in der »Luxusklasse« der indischen Eisenbahn. Speisekarte in vier Sprachen, die Übersetzungen sind unverständlich. Alles macht auf orientalisch, aber es gibt Instant-Cappuccino. Aus den Lautsprechern italienische Popmusik. Wie in einer Duisburger Pizzeria.

Bachtschyssaraj war die Hauptstadt der Krimtataren. Warum hier?

Die Landschaft ist grandios, aber unpraktisch. Enges Tal, die bizarr geformten Berge sehen nicht sehr wegsam aus. Aber es geht tiefer ins Gebirge hinein, sehr türkisch anmutende Häuser – hoch, schmal, mit hölzernen Galerien auf den oberen Stockwerken – säumen die Straße auf der einen Seite, auf der anderen blickt man in eine sehr grüne Landschaft mit kleinem Fluss. Idyllisch. Es ist sauberer als in Kurortnoje oder Simferopol, doch Hunde folgen uns, warten auf die Gelegenheit zu betteln. Tiefer im Tal geht es zu einem orthodoxen

Mönchskloster und Tschufat Kale, der Höhlenstadt der Karaiten, die sich diese Kammern und Gänge im Fels zunutze machten und sich darin niederließen, weil es ihnen nicht gestattet war, Grund und Boden zu besitzen und Häuser zu bauen. Viel Gewitztheit auf kleinem Raum um die lokalen Versionen von drei großen Religionen: Die tatarisch sprechenden jüdischen Karaiten, ein Kloster der russischen Christen, tatarischer Islam. Aus der Ferne hören wir jetzt einen Muezzin. Mittag?

Der Khanspalast erweist sich als bescheidene türkische Anlage aus dem 16./17. Jahrhundert. Der Krimkhan wird seine Herrschaft in Abhängigkeit von den Osmanen konsolidiert haben. Rosen, Brunnen, Holzveranden an den Palastbauten. Wir spazieren durch den Park des Palasts, den stillen Friedhof der Khane mit den bemützten Grabmalen. Treten versehentlich durch eine Hintertür in eine Moschee, große Aufregung. Damit hatten die beiden Wärter am Vordereingang nicht gerechnet, wir hören sie noch zetern, als wir die Tür schon erschrocken wieder zugeworfen haben.

Am Ende des Parks hinter dem Khanspalast stoßen wir auf ein sowjetisches Kriegerdenkmal. Eine Treppe führt hinauf zu einem Panzer. Die Platzierung ist bemerkenswert: Der Panzer hat sein Geschützrohr auf den Palast gerichtet und es sieht aus, als schicke er sich an, auf den Palastkomplex vorzurücken. Doch das niedrige Gittertor zum Denkmal ist verschlossen und niemand nimmt von dem Kriegsgefährt und seiner Ausrichtung Notiz bis auf zwei quengelnde Kinder von Touristen. Sie wollen unbedingt zum Panzer. Rettende Idee: Mama fotografiert die beiden vor dem Tor zum Panzer. Die Kinder grinsen breit ins Smartphone.

Und weiter geht's – jetzt bin ich an der Reihe, mit meinen Ortsnamen aus dem Geschichtsunterricht. Deutsche wissen in der Regel wenig vom Krimkrieg, habe ich festgestellt. Sie kennen allenfalls Florence Nightingale. Für die Briten war er so bedeutend, ein großer Krieg, Pubs und Straßen sind nach entscheidenden Schlachten und gefallenen oder siegreichen Generälen benannt. Ganze Stadtviertel standen im Zeichen des Krimkriegs, auch in Kentish Town, rings um das Pub *The Crimea,* das auf seinem bunten Kneipenschild eine vage erkennbare Gebirgsszenerie zeigte. Jahrzehnte war dort ein Mittelpunkt der hauptsächlich irischen *working class neighbourhood,* die es einst gab; noch Anfang der 2000er, als schon längst Medienmanager und beginnende Investmentbanker nachgerückt waren, informierte die Lokalzeitung über das Ableben der Kneipenwirtin Margret of the Crimea, die im Rentenalter nach Australien ausgewandert war. Vielleicht hatte man zum Abschied der Auswanderin im Pub seinerzeit das Lied *As I Rode Down Through Irishtown* gesungen, in dem sich *away* auf *Crimea* reimt. Traurige Kriegslieder eignen sich für viele Anlässe. (In Kentish Town gab es auch zu unserer Zeit noch jede Menge Iren, Frauen und Kinder strömten sonntagmorgens zu den besonders unansehnlichen katholischen Kirchen.)

Das Kneipenschild wurde aufpoliert, als die Eckkneipe geschlossen und in teure Wohnungen umgewandelt wurde. Cathcart, Inkerman, Alma, Raglan Street liegen hier beieinander, ein Kapitel Militärgeschichte aus dem Herbst 1854.

Die Straße nach Sewastopol ist sehr breit, sehr neu, nicht sehr befahren. Sie führt durch flache bewaldete Hügel und am Straßenrand sind unzählige Autos geparkt. Familien kommen mit Körben und Eimern aus dem Wald: Pilzsammeln im großen Stil, eine Sonntagsbeschäftigung. Die Landschaft öffnet sich. Links der Straße ein schroffer weißlicher Felshügel. Die ersten Weinberge. Rechts die Mündung des Schwarzen Flusses. Die Schlacht von Inkerman heißt in Russland »Schlacht am Schwarzen Fluss«. Tolstois bitteres Spottgedicht mit diesem Namen hat den Russen ähnlich geflügelte Worte geliefert wie Tennyson den Briten mit seiner pathetischen »Charge of the Light Brigade« über die Schlacht von Balaklawa. In der Ferne liegt Sewastopol, groß und weiß, in einem Ring hoher Wohnblocks. Das Meer ist grau zu erahnen. Mir fällt der Film »Am Pier von Apolonovka« ein, über das Leben in einem ärmlichen Vorort von Sewastopol. Jugendliche – unbeaufsichtigt, manche obdachlos, unterschiedlich verwahrlost, aber rührend, bieten Mutproben durch Tauchen ins Wasser, das voll von ausgemusterten Waffen und Kriegsutensilien ist. Ab und zu stirbt einer dabei, wie sie berichten. Eine meterhohe Schicht Kriegsmetall bedeckt den Meeresboden vor Sewastopol, Einkommensquelle für Schrotthändler, in Bandenkriegen umkämpftes Gelände mit abgesteckten Jagdgründen.

Oliphant schlich sich heimlich – im Karren eines deutschen Kartoffelhändlers – in Sewastopol ein, Ausländer hatten damals keinen Zutritt zu der Stadt. Er betont aber den hervorragenden Ausbau der Straße von Jalta nach Sewastopol. Von pilzreichen Wäldern ist nicht die Rede, dafür von der mangelnden Lukrativität des beginnenden Weinbaus, von den Prachtkutschen der Adligen, den Châteaux mit Ausblick und Prinzen auf Ausritt. Diese kleine Spionagetour schien ihm den größten Triumph zu bereiten, auch wenn er nicht dazu kommt, Zeuge der Marineinspektion durch den Zaren

zu werden. Er tut sich als Brite hervor, wirft sich in die Brust: Wir, die pfiffigen Abenteurer! Plötzlich hat er einen militärischen Blick. Immer geht es um Effizienz. Doch er hat auch Angst. Sewastopol ist ihm unheimlich. Etwas Bedrohliches macht sich breit zwischen den Zeilen.

Von einem Hügelkamm aus haben wir einen Ausblick auf Balaklawa. Ein Ferienort an einer Lagune, vielleicht mit Jachten und Segelbooten, möglichst aus Eisen und nicht aus Holz. (Die Lagune war berüchtigt für einen holzfressenden Schädling im Wasser, der ganze Schiffe zerstörte.) Alle Zeichen russischer Schmach sind getilgt. Hier ist etwas Mediterranes im Licht, trotz der Kälte, auch die Vegetation wirkt mediterran, kleine Eukalyptusbäume, thymianartiges Kraut. Hatte ich eine Vorstellung von dem Ort mitgebracht? Die Landschaft der zahlreichen in Schulbüchern abgebildeten Schlachtengemälde, die Wände und Lager englischer und schottischer National- und Kriegsmuseen zieren, würde ich nicht vorfinden, das habe ich natürlich gewusst.

Der Krimkrieg sitzt den Briten in den Knochen, obwohl – oder weil? – sie die Sieger waren, die segensreichen Verteidiger eines russenfreien Zugangs zu ihren Kolonien im Orient. Die Fernhalter Russlands vom Mittelmeer. (Die Rolle der Franzosen stets eher eine Nebenerscheinung in der Erzählung.)

Ich wuchs auf mit den Namen und Benennungen, die bei Sewastopol geprägt wurden, mit dem Rhythmus von Tennysons Gedicht, mit den Zitaten, Zeilen, Wörtern, die so in die Fasern der Sprache eingedrungen sind, dass man sie nie loswird. *Someone had blundered* aus Tennysons Ballade (*into the valley of death / rode the six hundred* ... Düstere Trommelwirbel stellen sich von selbst dazu ein!) wurde zum Kennwort für dubios motivierte Fehlentscheidungen. *The Thin Red Line,* die außergewöhnliche, aber erfolgreiche Aufstellung der rotberockten Highlanders unter General Campbell bürgerte sich international ein, ohne dass man außerhalb des englischsprachigen Raums weiß, worauf es sich bezieht. (Wie hat man wohl Terence Malicks Filmtitel verstanden, vor 13 Jahren?) Lieder, Balladen, Florence Nightingale und geflügelte Worte – so ließ sich der Krieg, der heute wie ein frühes Vorspiel des Ersten Weltkriegs gelesen werden kann, in der britischen Seele nieder. Vielleicht hatte es auch etwas mit der ersten authentischen Erfahrbarkeit des Krieges aus der Ferne zu tun. Kriegsberichte wurden telegraphiert, wer Sohn, Mann, Bruder bei den Highlanders hatte, wird beim Lesen der Times (oder beim Hören von dem, was in der Times gestanden haben sollte) dunkel geahnt haben, was Monate später ein Brief mitteilte. Es gab Fotografien. Roger Fenton, der erste Fotoreporter im Krieg, bezog mit seinem Wagen voll Ausrüstung Stellung, wo Kriegshandlung in Sichtweite zu erwarten war. Epidemien und Nachschubverzögerungen waren Gegenstand der Berichte, die sich nicht mehr einfach kontrollieren und manipulieren ließen. Geschwindigkeit der Übermittlung war ein einmal aus der Flasche entwichener Geist. Doch die Kampagne selbst ging nicht so schnell. Für zwölf Wochen geplant, dauerte sie schließlich zwölf Monate und in der Heimat strickten die Frauen Mützen für die wider Erwarten im bitteren russischen Winter Gestrandeten – obwohl der Winter in England 1854/55 kälter war als in den Bergen bei Sewastopol. Die Mützen, die übers Gesicht gezogen wurden und nur Augen und Mund freiließen, etablierten sich im britischen Bekleidungsrepertoire als *Balaklawa.* Später wurden sie zur gängigen Kopfbedeckung von Bankräubern. (Als Kind musste ich eine etwas abgemilderte Form, die immerhin das Gesichtsoval ganz freiließ, im Winter tragen und ich war damit nicht allein.) Sie strickten auch *Cardigans* – Wolljacken für die Soldaten unter General Cardigan, dem die Männer in dünnen Soldatenmänteln an verschleppten Verkühlungen starben.

Das war der Krimkrieg. Wir fahren weiter nach Jalta. Machen Halt an Aussichtspunkten auf dem Weg. Die Felsen sind gewaltig und in dem düsteren Nachmittagslicht hat die Küste nichts, was ihr Lieblichkeit verleiht. Sie tun mir nachträglich leid, die Highlanders, die, mit und ohne Mützen, dort bei Balaklawa in den Bergen lagen.

Jalta ist voller Menschen. Sonntagsausflügler. Wer keine Pilze sammelt, geht ins Tschechow-Haus oder spaziert auf der Promenade an den Kreuzfahrtschiffen vorbei, wo die Reisenden mit scheppernder Schlagermusik unterhalten werden, so laut, dass es von den Hügeln widerhallt. Die vielen Kirchen aller möglichen Konfessionen sind Zeichen davon, wie sehr Jalta einst in Mode gewesen sein muss. Sanatorien, Villen, seltsames Gemisch von Leuten, sehr viele Italiener. Und noch mehr Katzen!

Die Zurückhaltung, die für uns als unrechtmäßige Besucher in Sewastopol nur allzu geboten war, stand ganz im Einklang mit der Stimmung von Heimlichkeit und Misstrauen, die dort alles erfüllt. Der argwöhnische Blick eines jeden Wachmanns, dessen Weg ich kreuzte, ließ mir das Blut in den Adern gerinnen, das auf der grenzenlosen Steppe und im wilden Gebirge so frei und unbeschwert gekreist war. Kaum war ich auf der Hauptstraße zehn Schritte gegangen, schon schreckte ich voll Schuldbewusstsein auf und sah mir auch den letzten Rest romantischer Träumereien ausgetrieben, als eine Wache neben mir plötzlich die Waffe parierte, weil gerade der Gouverneur vorbeizufahren geruhte. Hier stand keine arglose Ruine eines altes Turms auf einem schwindelerregenden Felsvorsprung, die meine Phantasie in die Zeiten von Italiens Größe zurückschweifen ließ. Keine verschleierten Frauen und schwankenden Kamele entführten mich im Geiste in den lustvollen Orient. Die Variationen im Ausblick waren beschränkt auf die Abwechslung zwischen den Mündungen sechsunddreißigpfündiger und vierundsechzigpfündiger Kanonen. Unablässig bedrängte mich das peinigende Bewusstsein, dass ich wie ein Engländer aussah, und jede der an allen Straßenecken postierten Soldatengruppen hatte ich im Verdacht, dass sie dort standen, um uns im nächsten Augenblick festzunehmen. Wir spazierten in einem Pulvermagazin umher, das jeden Moment sowohl im buchstäblichen wie im übertragenen Sinne explodieren konnte.

Sewastopol hat, einschließlich Militär und Marine, vierzigtausend Einwohner. Die Stadt ist im Wesentlichen eine riesige Garnison, deren viele Kasernen und Regierungsgebäude ihr etwas Imposantes verleihen. Dennoch erschienen mir auch viele Privathäuser sehr beeindruckend, und die Hauptstraße der Stadt war die eleganteste, die ich seit Moskau zu sehen bekommen hatte. Ihre Sauberkeit hatte sie allerdings den großen Gruppen von Militärgefangenen zu verdanken, die pausenlos mit Fegen beschäftigt waren. Allenthalben waren neue Häuser im Entstehen begriffen, Bauvorhaben der Regierung gingen zügig voran und insgesamt kann Sewastopol mit Fug und Recht den Anspruch erheben, eine der führenden Städte Russlands zu sein. Der herrliche Meeresausläufer, an dem es gelegen ist, ist die Millionen wert, die darauf verwendet worden sind, ihn zur würdigen Heimat der russischen Marine zu machen …

Größte Aufregung herrschte während unseres Aufenthaltes in Sewastopol, aus allen Teilen Südrusslands waren Menschenmengen herbeigeholt worden, um den Zaren zu empfangen; die Soldaten hatten ihre Kasernen weiß gekalkt und sich mit lobenswerter Ausdauer drillen lassen, während die ganze Belegschaft des Hafens bereits seit Monaten dabei war, die Schiffe in den präsentablen Zustand zu versetzen, in dem sie sich jetzt befanden …

Ich bedauerte, nicht in Sewastopol bleiben zu können, um Zeuge der Flotteninspektion zu werden, die durch die Gegenwart des Zaren noch besonders interessant zu werden versprach. Doch da das Risiko, entdeckt zu werden, durch die erhöhten Sicherheitsvorkehrungen zu diesem Anlass ungleich größer wurde, hielten wir es für klüger, beizeiten den Rückzug anzutreten, und flüchteten aus Sewastopol am Tag vor dem großen Ereignis – zur großen Enttäuschung des Deutschen namens Richter, der sich jetzt nur in der Phantasie die Ergebenheitsbezeugungen ausmalen konnte, die Seiner Kaiserlichen Hoheit dem Zaren zur Begrüßung darge-

bracht werden würden. Später hörten wir, dass der Zar an dem kurzen Auslaufen der Flotte aus dem Hafen gar nicht teilnahm, sich jedoch äußerst unzufrieden über das äußerte, was er zu sehen bekam. …

Der Wechsel von Sewastopol, der Stadt der Kasernen und Hafenanlagen, zu Bachtschyssaraj, dem »Serail der Gärten«, war ebenso angenehm wie plötzlich. Hier, in einem abgeschiedenen grünen Tal, durch die merkwürdigsten Felsentürme, die es umgeben, von der Welt getrennt, liegt die alte Hauptstadt der tatarischen Krim in üppigstes Grün gebettet, umkränzt von einem Wald aus spitz zulaufenden Minaretten und sich im Wind biegenden Pappeln, der sich weit das Tal hinaufzieht – für den Reisenden aus der Ferne die einzigen Anzeichen der Ortschaft, die sich darunter verbirgt.

Die Bevölkerung hier ist genau so, wie sie immer gewesen ist, hier gibt es nicht einen Hinweis auf die großen Veränderungen, die den Stand der Tataren betroffen haben, nichts deutet auf die Macht, der das Tatarenvolk jetzt untertan ist. Halbmond und Kreuz liegen hier nicht im Wettstreit miteinander; altehrwürdige Moscheen werden nicht von sternengespickten grünen Kuppeln bedrängt und der Ruf des Muezzin ertrinkt nicht im Scheppern unmusikalischer Glocken; dem Fußgänger droht nicht auf Schritt und Tritt Verderben durch rücksichtslose Droschken, kein taumelnder Bauer überfällt ihn mit trunkenen Kosungen, kein aufdringlicher Ladenbesitzer verfolgt ihn mit seinem Gegröle. Wäre nicht der Kosake, der unter dem Torbogen des Khanspalastes Wache steht, könnte man meinen, die turbantragenden Scharen früherer Zeiten bevölkerten noch diese verlassenen Hallen und dunkeläugige Huris erfüllten noch den leeren Harem mit Leben.

Es tat gut, nach der ungehobelten Grobheit nördlicher Barbarei in eine, wenn auch nicht sehr gehobene, östliche Zivilisation einzutauchen. Wie wenig jedoch will es einleuchten, dass der würdige Tatare, der uns mit »Sabani khair« grüßte, demselben Herrscher untertan ist wie der pygmäenhafte Lappländer und dass kaum dreißig Meilen weit entfernt ihr gemeinsamer Monarch im Kreise moskowitischer Untertanen der Existenz dieser Stadt – der ehemaligen Hauptstadt eines Reiches, das seine Vorfahren das Fürchten gelehrt hatte – keinerlei Beachtung zu schenken schien. Ein Befehl an die Truppen, die er jetzt inspizierte, mochte das Schicksal Europas wenden, doch die Bewohner von Bachtschyssaraj begegneten ihrem Zaren mit ebensolcher Gleichgültigkeit wie er ihnen und scherten sich nicht im Geringsten um das Schicksal Europas.

Die Hauptstraße, die am Vorabend so still dagelegen hatte, war nun erfüllt von Leben und Treiben. Sie ist fast eine Meile lang und so schmal, dass zwei Karren einander nur mit Mühe passieren. Zum Glück geschieht das nur selten, und die geschäftige Menge, die sich hier auf der Straße bewegt – fast ausschließlich Tataren, karaitische Juden und Zigeuner –, ist äußerst ungehalten, wenn sich auch nur ein Vehikel auf Rädern zeigt.

Wir mischten uns unter die Menge und unsere Aufmerksamkeit war bald hin- und hergerissen zwischen der Vielfalt an Gesichtszügen und Trachten, die sich um uns präsentierten, und den herrlichen Auslagen der Waren, die in den offenen Geschäften zum Verkauf dargeboten wurden. Die hiesigen Geschäfte haben keine Vorderwand und werden nachts nur mit den hölzernen Läden verschlossen, die tagsüber eine Art Theke bilden. Auf dieser sitzt der Inhaber mit untergeschlagenen Beinen, vertieft in die Herstellung der Artikel, die er verkauft, und nur die Ankunft eines Kunden kann ihn davon ablenken. …

Wir hatten inzwischen die Hauptstraße ihrer ganzen Länge nach hinter uns gebracht und gelangten zu einem kleinen Platz, dessen rechte Seite der hochberühmte Khanspalast einnahm. … Wir überquerten den Wassergraben und durchschritten ein gewaltiges farbiges Tor mit vorspringenden Giebeln, um auf ein ebenso entzückendes wie überraschendes Ensemble von Bau-

werken zu stoßen, die sich hier dem Betrachter darboten. Zur Rechten eines grasbewachsenen Hofes steht der weitläufige Palast für sich, die Außenwände sind bunt bemalt und über und über mit Spalieren verziert, an denen sich Wein emporrankt, während kleine Gitterfenster auf den duftenden Garten hinausgehen. All dies überragt ein achteckiger Holzturm mit einem pagodenartigen Dach. Zur Linken befindet sich eine Anzahl zweigeschossiger Gebäude mit Veranden, die von reich verzierten Pfosten getragen werden, daneben wiederum ein Mausoleum und eine Moschee mit zwei hohen Minaretten – dem Wahrzeichen der Königlichkeit. Ein ansehnlicher Brunnen steht im Schatten von Weidenbäumen gegenüber dem Privateingang, der dahinterliegende Hof ist von einem terrassenartig ansteigenden Obstgarten umgeben. Der Blick über die uns unmittelbar umgebenden Dinge hinaus war nicht weniger beeindruckend: Wir standen hier wie in der Arena eines Amphitheaters, zu dem die in Reihen am Berghang aufsteigenden Flachdächer der Tatarenhäuser die Sitzreihen bildeten. Zahlreiche Höhlen überzogen die Felswände wie Löcher in einem Taubenschlag. Dieser Anblick der Stadt vom Hof des Palastes aus ist gewiss einmalig, zumal riesige, grotesk geformte Felsen wie in der Luft erstarrt über dem Panorama hängen und den Eindruck vermitteln, sie wollten allem, was von der Hauptstadt dieses einst so mächtigen Reiches geblieben ist, mit Zerstörung drohen. …

Doch Moskowiter Herrscher haben sich herabgelassen, in diesem ehemaligen Sitz der Khane zu residieren, und der Fremdenführer war natürlich der Meinung, dass das Bett, in dem Zarin Katharina geschlafen hat, der interessanteste Gegenstand in dem ganzen Palast sei. Wir drängten ihn, uns die Gemächer von Maria Potocki zu zeigen, die mit romantischeren Assoziationen behaftet sind. Hier residierte die verliebte Gräfin zehn Jahre lang in der Hoffnung, einen Kompromiss zwischen ihrem Gewissen und ihrer Leidenschaft für den Khan zu finden, indem sie ihr Leben – wie-

wohl als unumschränkte Herrscherin im Palast des Ungläubigen lebend – ganz in das Zeichen frommer Exerzitien stellte.
Ihre Gemächer sind luxuriös hergerichtet und ein hohes Gewölbe mit plätschernden Marmorbrunnen trägt ihren Namen. Daneben befindet sich eine katholische Kapelle, die der in Liebe entbrannte Khan für sie errichten ließ. …

Nach dem Besuch der früheren Residenz der Khane wollten wir die Stätte aufsuchen, an der sie jetzt ruhten. Wir ließen die Brunnen hinter uns, die leere Hallen mit ihrem Murmeln erfüllten, die Diwane, die unbewohnte Gemächer zierten, und die Bäume, die Duft und Blüten an verlassene Gärten verströmten. Wir betraten die Gewölbe, in denen die ruhmvollsten Khane ihre Ruhe gefunden haben. Hier hielt ein ehrwürdiger alter Hadé das leise flackernde Licht empor, um uns den Blick auf turbangekrönte Grabstelen zu gewähren. Auf dem Weg hinaus kamen wir durch den Friedhof, wo Wein über den zerfallenen Ruinen, die von einstiger Größe erzählen, rankt und alles schien den gleichen Weg zu gehen, den die, die hier in diesen schön gestalteten Schreinen ruhen, schon gegangen sind. …

Eines Tages spazierten wir das Tal hinauf, in dem Bachtschyssaraj fast verborgen liegt. Wir kamen durch die enge Schlucht, die das Tal beschließt und in deren Höhlen nur Zigeuner wohnen, und traten plötzlich aus dem tiefen Schatten, den die überhängenden Felsen warfen, hinaus in ein geheimnisvolles sanftes Tal mit dichtem Eichen- und Buchenwald. Ein gewundener Pfad führte in die Ausläufer des Tales und bald wanderten wir durch ein Labyrinth aus Grabsteinen in Gestalt von Sarkophagen mit Inschriften in hebräischen Buchstaben. Dies war das Tal von Jehoschaphat, seit Jahrhunderten der Friedhof der karaitischen Juden, die immer noch gerne ihre Gebeine neben die ihrer Vorfahren betten, und so kommt es, dass die schlummernden Einwohner des Tals von Jehoschaphat die Zahl der lebenden karaitischen Bewohner in allen Städten der Krim zusammengenommen übersteigen.

Fast eine Meile lang folgten wir dem schmalen Pfad, die ganze Zeit umgeben von diesen anrührenden Andenken an eine Rasse, deren Angehörige, ganz gleich an welchen Ort der Welt es sie verschlagen hat, immer noch die tiefste Verehrung für diesen durch so fromme Assoziationen geheiligten Ort hegen. Der Hain endet abrupt an einem angsteinflößenden Felsvorsprung, von dessen schwindelerregendem Rand man einen großartigen Blick hat. ... Wir folgten dem Verlauf der Kalksteinfelsen, auf denen wir standen, bis wir an eine Stelle kamen, von der aus der Blick in die entgegengesetzte Richtung noch beeindruckender war. Zu unserer Rechten bekränzte die alte Festung Tschufat Kale die nächste Anhöhe, während das in den vorspringenden Felsen hineingebaute Uspenski-Kloster wirkte, als sei es ein Werk der Einwohner des felsigen Petra und nicht der Mönche der griechischen Kirche. Auch dort lag einst, in enge Grenzen der Berge gezwängt, die Hauptstadt der Tataren, fast verborgen von den Gärten, die das Tal in ein dichtes Grün hüllen. Weiter unten wandeln sich die Felsvorsprünge zu sanften Hängen und bestelltes Land dehnt sich weithin aus, durchzogen vom Fluss Dschuruk-su, bis dieser sich ins Schwarze Meer ergießt, das den westlichen Horizont beschließt.

Als die Tatarenkhane Tschufat Kale verließen, um sich in dem tiefer gelegenen entzückenden Tal niederzulassen, wurde diese einzigartige Festung wieder alleiniger Wohnsitz der karaitischen Juden, die dort seit unvordenklichen Zeiten gelebt haben und sich durch innigste Verehrung und Zuneigung an diesen Ort gebunden fühlen, der gleichermaßen Wiege ihrer Sekte ist als auch der Fels, auf dem sie immer wieder in Zeiten der Verfolgung sichere Zuflucht gefunden haben. ...

Über den linken Rand der Schlucht erreichten wir das Uspenski-Kloster, auch Kloster der Himmelfahrt Mariae genannt, wo auf dem Plateau eines hochgelegenen Felsvorsprungs Laubengänge aufsteigen; darunter liegen die atemberaubenden Felsen, aus denen die Gemächer gemeißelt und die Treppenstufen gehauen sind, die zu dem Kloster führen. ... Rund zwanzigtausend Pilger strömen angeblich hier jährlich im August zusammen. Insgesamt ist es ein merkwürdiger Ort, der gut mit der seltsamen Landschaft harmoniert, in der er gelegen ist, und es ist den Mönchen hoch anzurechnen, dass sie einem schon mit so vielen Vorzügen ausgestatteten Flecken der Welt noch weitere hinzugefügt haben. Darin erschöpft sich allerdings wohl auch der Nutzen, den die Gemeinschaft von ihrer Anwesenheit haben wird.

Wir stiegen die steilen Felsenhänge oberhalb der Stadt hinauf, um einen letzten Blick auf den Seraglio der Gärten zu werfen, bevor wir ihm Lebewohl sagten. Der ganze Himmel erstrahlte in den Farben der untergehenden Sonne, die einen warmen Glanz über den Palast der Khane breitete, und wir gedachten ihres Ruhmes, der so kurz währte und doch so strahlend war, auch wenn jetzt nichts mehr davon erhalten ist als der entzückende Anblick, der sich hier unseren Augen bot. Doch wird der Khane Ruhm nie vergehen.

9

Die Hunde waren weniger unruhig. In den kalten Nächten sank ihre Körpertemperatur so ab, dass sie sich nach dem späten Tagesanbruch auch in der inzwischen warmen Mittagssonne noch verlangsamt und wie in einem leichten Taumel bewegten. Sie hielten sich in engeren Verbünden auf, schliefen zu kleinen dicht gemusterten Flecken zusammengedrängt an geschützten sonnenbeschienenen Stellen, jagten einander nicht, bellten weniger. Sie waren gelassener beim Aufsuchen der Futterstelle. Vielleicht gaukelten sie sich in ihrem Taumel vor, sie würden noch allerhand erjagen können, oder die mageren kalten Tage der vergangenen Woche wären bereits der ganze Winter gewesen und die fetten Tage der Saison nähmen jetzt wieder ihren Anfang. Wenn die Kupferhaarige erst am Mittag Küchenreste herbeischleppte und auf die Hundeteller verteilte, fanden sich sofort, noch vor den Hunden, dicke Fliegen ein, ihre Panzer schillerten, ihr Gesumm erfüllte die Luft am Hang, werweiß in welchem Winkelchen sie ihre Pracht hatten so pflegen können, dass sie nach der Rückkehr der Sonne sogleich wieder bereit waren, ihre Eier zu legen.

Die Gäste der Pension gingen zum Strand. Sie schwammen weit hinaus und ließen sich dann von der Oktobersonne trocknen. Ab und zu brachten die Marschrutkas sogar neue Gäste nach Kurortne. Von der *Biostanzija*-Haltestelle aus näherte sich dann das Grollen kleiner Rollkofferräder auf dem unebenen Straßenbelag. Die Neuankömmlinge bogen ab und nahmen den Weg zwischen den Pferdehügeln zum Meer, das Grollen wurde unregelmäßig, verschwand, erklang dann kurz wieder, wenn sie sich in einer Schneise befanden, durch die der Kofferklang bis zu den Häusern am Hang dringen konnte. Es war unklar, ob das Verstummen des Grollens bedeutete, dass die Reisenden ihr Ziel erreicht hatten, oder ob sie in Gegenden weiterzogen, die so vom Hang abgeschnitten waren, dass kein Ton mehr den Weg zurück fand, obwohl der Koffer auf der Obdachsuche weiter durch strandnahe Gassen rollte. Eines Mittags sahen wir eine kleine dickliche Frau in Begleitung eines traurig blickenden jungen Mädchens, die mit einem Rollkoffer den lässig bewachten Eingang zu den älteren Häusern am Fuß des Pferdehügels passierten. Das Mädchen trug eine blau-weiß gestreifte, ausgebeulte Strandtasche und sie ging gebückt, als wollte sie sich der Größe der älteren Frau anpassen, oder es war die Traurigkeit, die so auf ihr lastete. Die kleine Frau, die den Koffer zog, wirkte rüstig und beherzt, Kurortne, das Meer, der Anblick des schartenzahnigen Felsens Karadag, die umherstreifenden Pferde, der Betonklotz, das alles mochte ihr angetan erscheinen, die Traurigkeit des jungen Mädchens in ihrer Obhut zu zerstreuen.

Wir sahen die beiden wieder, als wir uns einem geführten Ausflug auf den Karadag anschlossen, den die fröhliche Pensionswirtin am Vorabend angepriesen hatte. Allein durfte man das Naturschutzgebiet nicht betreten, dafür sorgte der stumme Mann, den wir in der Bude im Gebüsch gesehen hatten. Auch wenn er nicht dort gewesen wäre, hätten wir den Gang nicht allein unternommen. Wir verständigten uns nicht darüber, hatten beide ein ähnliches Gefühl, diese seltsame Unwilligkeit, an diesem Ort ein Verbot zu übertreten, das uns anderswo nicht erwähnenswert erschienen wäre. Eine gewisse Beklommenheit gegenüber den undurchsichtigen Regeln von Gebot und Verbot an diesem Ort hatte sich nicht verflüchtigt. Nichts erschien mir vertrauter als in den ersten Tagen. Nichts hatte sich erklärt. Benennen konnten wir die seltsame Hinnahme solcher Regeln nicht, es fühlte sich fremd an und etwas unangenehm, auch unerklärlich, weil kaum jemand zu sehen war, der die Befolgung von Regeln hätte einfordern können.

Der empfohlene Ausflug begann am Vormittag mit der Besichtigung des naturkundlichen Museums, einer Art Heimatkundeausstellung, die sich in einem Nebengebäude des Delfinariums befand. Der bestellte Anführer der Wanderung war in einem Geländewagen eingetroffen und hatte einen schnittigen Gruß mit zwei Männern vor dem Kiosk getauscht, während die Gruppe ihn an der kleinen Brücke erwartete. Er scheuchte die Gruppe in das Museum. Der Mann hatte etwas Militärisches an sich, das lag nicht nur an seiner halb soldatischen, halb bergsteigerischen Kluft und an den scharfen Kommandos, die seinem anfangs an kurzer Leine gehaltenen Hund galten, sondern auch an dem gönnerhaften Tonfall, in dem er mit den fegenden Frauen in der Anlage und mit den Museumsangestellten scherzte, an seinem allfälligen Zählen der Wanderer später im Gelände und an seiner immer wieder eingesetzten Trillerpfeife. Die meisten in der Gruppe zeigten gegenüber seinen Kommandos eine bereitwillige Gefügigkeit, vielleicht weckte der soldatische Mann Kindheitserinnerungen, vielleicht gehörte der Befehlston auch zu dem, was man von einem geführten Ausflug erwartete.

In dem angelegten Teil des Gartens waren wieder etliche Frauen still und fast unmerklich mit Jäten, Kehren, Entfernen toter Baumteile beschäftigt und aus dem Delfinarium drang wieder diese Abfolge von rauschender Musik, Schüssen, Aufklatschen großer Leiber aufs Wasser, dem quietschenden Zwitschern der Delfine. Die Katzen streiften wieder in großer Zahl umher, bildeten jetzt, da sie sich der Wandergruppe präsentierten, einzelne kleine Trupps und keinen geschlossenen Halbkreis mehr, zeigten sich mit ihren Vorzügen und Hübschheiten sehr gekonnt und erzielten großen Erfolg damit. Die Ausflügler ließen allerhand an Keksen und

Butterbrotbrocken springen. Die Frau mit dem traurigen großen Mädchen stieß erst ganz am Schluss zu der Gruppe, als wir schon dabei waren, uns nach dem Museumsbesuch und vor Ausmarsch ins offene Gelände zählen zu lassen. Der Wanderführer überlegte laut und bellend, ob er die beiden mitnehmen dürfe, da sie doch weder am Museumsbesuch noch an dem Rundgang um das Delfinarium teilgenommen hatten, als seien das zu bestehende Prüfungen vor dem Aufstieg ins Gebirge. Schließlich erteilte er ihnen mit großzügiger Handbewegung die Erlaubnis, die kleine dickliche Frau bedankte sich, das Mädchen blieb stumm, wir brachen auf. Es ging stockend voran. Immer wieder musste die Gruppe stehen bleiben und auswendiggelernten Vorträgen des Wanderführers lauschen. M., in der Sprache wohltuend unbewandert, sah sich um, beobachtete den Anführer, scheute den Hund. Die Vorträge des Anführers waren durchsetzt mit Trillerpfiffen und scharfen Anweisungen, sich nicht mehr als 20 Meter von der Gruppe zu entfernen, sich nach nichts zu bücken, keine Anstalten zu machen, Pflanzenteile abzupflücken, es gab Rügen für das Fotografieren der falschen Motive wie beispielsweise der alten, aus allen möglichen Resten zusammengestoppelten Datschen im Tal und des Schornsteins einer allem Anschein nach stillgelegten Fabrik, die an das Datschengelände grenzte. Die dickliche Frau war nach der gewährten Sondergenehmigung sichtlich bemüht, einen guten Eindruck zu machen, sie lachte und applaudierte und rief oh! an den richtigen Stellen. Das Mädchen indessen blieb stumm, hielt den Blick meistens auf den Boden geheftet, wenn sie ihn schweifen ließ, dann nicht in die angewiesene Richtung. Dabei wirkte sie nicht störrisch, nur abgelenkt und abwesenden Sinns. Hatte eine wohlmeinende Tante sie mit auf die Krim genommen, um ihr Heilung von einem Liebesleid zu ermöglichen? Fiel ich mit dieser Mutmaßung auf die der Krim zugewiesene Rolle der romantischen Zone herein? Wäre es nicht besser, dem traurigen Mädchen ein nicht bestandenes Examen zu unterstellen, eine schwere Enttäuschung bei der Rollenverteilung in der Laienspielgruppe (Sonja statt Jelena?) oder einfach Langeweile in Gesellschaft der Tante und mangelnde Leidenschaft für den ausgestorbenen Ort am Meer und die von Tieren bevölkerte Landschaft der Küste, zudem noch von Tieren, die ihrer Zähmnis allmählich entwuchsen, ohne sie gegen echte Wildnis einzutauschen?

In einem kleinen Steineichenhain gab es eine Rast. Alle wurden auf einen markanten Felsen hingewiesen, der vom Rastplatz aus betrachtet aussah wie ein riesiger Kopf, das Gesicht hatte ein scharfes, grimmiges Profil mit gewaltiger Nase, der Hinterkopf war flach und stumpf. Es galt vor allem zu bewundern, mit welcher Unbeirrbarkeit der Felskopf seinen drohenden Blick nach Westen richtete. Der Stein war gelblich grau, die Oberfläche fühlte sich weich an. In Rissen und Vertiefungen sprossen kleine blassgrüne und orange Flechten und am Fuße des Felsen wuchs die leuchtend rote Rankpflanze, die man überall auf den kargen Hängen sah.

Von hier aus war von Kurortne nur noch der Schornstein zu sehen, der aus dem Tal ragte. Nach Nordwesten wölbten sich die von trockenem Gras, vereinzelten Koniferen, Steineichen und herbstgelben Büschen bedeckten Hügel, ein weiches, karstiges Meer, das bis zu ganz fernen schneebedeckten Gipfeln reichte, die das einzig Scharfe und Spitze waren. Von hier aus betrachtet hatte die der Küste abgekehrte Landschaft alles Schartige und Schrundige verloren. Sie bot einen friedlichen Anblick, an dessen Rand das Schwarze Meer schimmerte und plätscherte. Man hätte den Wasserstreifen auch für ein Stück Himmel halten können, so sehr lösten sich die Horizontalen der Welt in diesem stillen Gelände auf, über das die Wolken dünne Schatten zogen.

Vor uns lag ein steiler Anstieg im Fels, der zu dem eigentlichen Kamm des Karadag führte, und der Anführer verkündete, wer sich nun zu schwach fühle, ob Kind, ob Greis, ob Siecher, solle umkehren, ein junger Mann trat aus der Gruppe und wurde zu seinem Vertrauten ernannt, der die Gebrechlichen zurückbegleiten würde, auch der treue Hund des Anführers sollte mitgehen, der Hund bellte laut und freudig, als diese Worte fielen. Man mochte den Eindruck bekommen, ein unter Umständen endgültiger Abschied stehe bevor, Schicksalswürfel kullerten zwischen den Hängen, die Unrüstigen ab ins Tal, die Rüstigen voran und hinauf! Ein kleines Häuflein entschloss sich zur Umkehr. Das traurige Mädchen beugte sich zum Ohr der Tante und begann zischelnd zu flüstern. Die Tante machte ein missmutiges Gesicht, schließlich schlossen sich beide dem Umkehrtrupp an, die möglichen Hoffnungen des Mädchens, sich für ein paar Stunden der Tante zu entledigen, vielleicht allein am Strand zu liegen, hatten sich zerschlagen, nun war es zu spät, die vorgebliche Schwäche abzublasen. Der schwarze Hund des Anführers umsprang den kleinen Trupp, der sich bergab bewegte, man sah dem Tier an, wie gern es seine Aufgabe hatte, die Tante hoppelte am Schluss der Gruppe, das Mädchen schlakste in einigem Abstand hinterdrein, eine vom Hund gebilligte gesonderte Nachhut.

Die Rüstigen machten sich jetzt daran, den steilen Felsenhang hinaufzusteigen, ab und zu rutschte jemand, Steine kollerten, Fotoapparate schlugen dumpf gegen Vorsprünge. Der Fels fühlte sich sommerlich warm an und weniger rau als erwartet, in den Poren saß Moos und an ganz geschützten Stellen blühten winzige Blumen in einem Polster aus fahlem dünnrippigem Grün. Am oberen Rand des Abhangs gelangte man auf einen breiten Kamm, der, sich verjüngend, bis zu den gezackten Spitzen auf der Südseite des Karadag führte. Zur einen Seite, nach Norden, sah man jetzt noch viel weiter über das Wogen von Kuppen, Hängen, Mulden und schrofferen Bergen, alles war grau, mattgrün, spärlich getupft mit herbstlichem Rot, Orange und Gelb, alle auf Ortschaften verweisenden Anhaltspunkte waren jetzt wie versunken in den schattigen Tälern dieses Untergebirges im Küstenrücken, nur der Schornstein ragte noch in weiter Ferne auf, allerdings an einer ganz anderen Stelle als der, wo ich Kurortne vermutete, auch vom Trupp der Umkehrer war keine Spur zu sehen. Auf der anderen Seite des Kamms neigten sich kantige Felsen wie gereckte Hälse dem Meer zu, so schräg, dass alles zu kippen oder den Regeln der Natur zu widersprechen schien, unten glänzte das Meer zwischen steilen Schluchten und Seevögel kreisten über den winzigen Buchten. Der Kamm selbst war von kurzem gelblichgrünem, moosigem Gras bedeckt, was ihm etwas Lieblich-Alpines gab, in der schrägen Herbstsonne wirkte er wie ein Almweg, hierher verschlagen zwischen ein graugrünes Hügelmeer nach Norden und das blauglitzernde Schwarze Meer, zum Horizont hin sich in Silber auflösend, das seine zahmen kleinen Wellen am Fuß der Felsen auslaufen ließ. Die Felsen hatten alles bläuliche Grau abgestreift, in dem sie dem Betrachter vom Strand und den unteren Hängen aus erschienen, sie waren gelblich und sandsteinig weich, wirkten auch nicht mehr schroff, sondern gerundet, freundlich, allenfalls in ihrer halsbrecherisch wasserwärtigen Neigung selbst von jener melancholischen Sehnsucht nach dem Meer angegriffen, die so viele Reisende hierher führte.

Der Anführer geleitete die Gruppe ein paar hundert Meter weiter, bis tief unten in einer Schlucht eine kleine Bucht in Sicht kam, in der Felsen eine Art Tor bildeten, die Goldene Pforte, letzter Posten der romantischen Abenteuer-Krim, deren einzige Steigerung im Bereich der russischen Sprache nur der Kaukasus sein konnte, der auf der gegenüberliegenden Küste des Schwarzmeers begann. Von hier konnte man schon sehen, wie sich die Landschaft um die Bucht von Koktebel veränderte, die Küstenberge waren flacher, runder, die Landschaft weiter. Man ahnte, wie sich die Küste in Richtung Feodossija immer sanfter, immer scharten- und schrundenärmer entwickelte, um sich dann auf Kertsch und das Asowsche Meer zu ganz ins Flache zu verlieren, in Steppe, Ebene und Sumpfland.

Nachdem der Anführer, gegen das Sausen des Küsten- und Höhenwinds anschreiend, Geschichten von Schmugglern, Piraten und Seemannsbräuten, von Gold, Verrat und Wagemut dargeboten hatte, demonstrierte er seinen »Trick«, mit dem er die Fotografen begeistern wollte, und bald ließen sich die Ausflügler fast alle in der von ihm vorgespielten Pose mit ausgestreckter Hand ablichten, offenbar dem »Trick« vertrauend – auf dem Bild würde die Goldene Pforte in der hohlen Rundung des Handtellers des Fotografierten ruhen.

Durch das Wasser am Fuße des Steilhangs pflügte ein winzig aussehendes Boot. In der Sonne glitzerte das Meer schwindelerregend und verschmolz mit dem Himmel. Unter den Händen spürte ich die weichen Flechten und graugrünen Moose auf dem Felsen, an den ich mich lehnte, weg von dem Abgrund, der sich am Rand des Weges zum Meer hinab auftat. M. fotografierte in die Tiefe, schwindelfrei, alle gestikulierten Ratschläge des Anführers in den Wind schlagend, mit einer Hingabe, als wollte er etwas von diesem Licht, dem Meer, der Scheinewigkeit der Felsen werweißwohin retten.

Kurz nach der Goldenen Pforte gelangte man hinter einer Hügelkuppe auf einen breiten Weg und die Wanderer wurden aus dem Gehorsam entlassen. Unbeaufsichtigt durften die Ausflügler nach Hause gehen. Durch den Talweg zurück nach Kurortne oder in einer weiten Schleife nach Koktebel. Wir waren unschlüssig. Ich versuchte mir vorzustellen, wie man die Landschaft vom Tal aus wahrnähme, durch das man schließlich an der Datschensiedlung herauskommen würde, wo wir das Nachtlager der Pferde vermuteten. Ausblicke aufs Meer durch hohes, trockenes Gras im kleinen Tal, umwucherte Datschen, Spuren vergangener Sommer an einer Stelle, an der man nichts von den Kurortner Palästchen sah. M. neigte zu Koktebel. Mandelstam fiel mir ein, Marina Zwetajewa, Bely und das Voloschinhaus. Koktebels Vergangenheit als Flugträumerstadt Planerskoje, die ungepflasterten Wege zum Meer, die man von der Hauptstraße sah, die helle, mittelmeerische Dörflichkeit, die man aus dem Busfenster ahnte. Wir entschieden uns für den längeren Weg durch den Wald in die Bucht von Koktebel.

Der versprochene Goldene Oktober rückt an. Am Strand von Kurortnoje sieht man mutig Badende. Das Wasser ist angeblich warm.

(Ob die Sachsen vom Simferopoler Flughafen noch auf der Krim sind? Sie werden sich freuen.)

Heute steht die Wanderung auf den Karadag auf dem Programm. Zum Schwarzen Berg. Eine Gruppentour mit offiziellem Naturparkführer. Ein bulliger Typ in soldatischer Aufmachung, alles in Tarnfarben, viele Taschen. Kein Gewehr, aber ein Hund. Sicher bevölkerten solche Typen die Illustrationen sowjetischer Jugendbücher. Hart, aber gerecht. Nur das rote Halstuch fehlt. Oder zumindest irgendwas Rotes. Die Gruppe ist ziemlich groß, außer uns acht Leute aus dem Hotel, zwei Familien auf Urlaub mit Großeltern, ein halbes Dutzend Rentner, die am Eingang zu dem kleinen Park aus einem schwarzen Minibus gestiegen sind. Das seltsame Nummernschild fällt mir auf. Abchasien, erklärt der Mann aus Kiew.

Zuerst müssen alle ins Museum. E. macht sich gleich unbeliebt, weil sie draußen bleibt, um die Katzen zu beobachten. Der Bergführer redet ununterbrochen. Natürlich verstehe ich kein Wort. Das Museum ist interessant, weil es selbst wie ein Exponat wirkt, ein bisschen Kabakov: die Vitrinen, die Ausstellungsstücke, der Geruch. So war es mal. Das ist unsere Heimat. Heimat in der Vitrine. Gesteinsbrocken in den Auslagen, geologische Schemata auf bunten Wachstuchtafeln, Flora und Fauna. Ausgestopfte Tiere, imposante Vögel (Geier?), Fischskelette, getrocknete Schlangen (oder nennt man das auch ausgestopft?). Viele verschiedene Schlangen. Ich hoffe, der frühe Kälteeinbruch hat sie für unsere heutige Wanderung schon in den Winterschlaf geschickt. Die Sonne scheint jedoch warm, gutes Wetter für Schlangen, die sich vor dem Winter noch eine Mütze Wärme genehmigen wollen. Ich erinnere mich an eine russische Erzählung (in E.s Übersetzung?), die in Astrachan spielte, in einer Gegend extremer Temperaturen. Im Frühling waren die Südhänge der Hügel übersät mit Schlangen, die sich aufwärmten und dann am Abend, wenn die Temperaturen wieder unter den Gefrierpunkt sanken, in ihren Löchern verschwanden.

Ein leichter Chlorgeruch hängt in der Luft. Vielleicht aus dem Delfinbecken, das an das Museum grenzt. Nach dem Museumsbesuch dürfen alle einen Blick ins Delfinarium werfen. Wieder diese Trainingsfrauen. Sie erklären, dass sie uns keine Kunststücke vorführen werden. Die armen Tiere lassen kurz ihre Schnauzen blicken, schnattern trostlos. Auf dem Wasser und am Geländer der Kommandobühne mit den beiden »Trainerinnen« das bunte Zubehör für das erbärmliche Repertoire der Tiere: Bälle, Reifen, Ringe.

Dann beginnt die Wanderung. Der Anfang ist mühsam, immer wieder werden wir gezählt, es gibt einen langen Vortrag zu Sicherheitsregeln, zwei Nachzügler kommen angerannt, verhandeln mit dem Anführer, ob sie sich noch anschließen dürfen. Vielleicht hatten sie sich einen Preisnachlass erhofft, weil sie Museum und Delfine ausgelassen haben.

Der Gehorsam ist erstaunlich. Wer sich weiter von der Gruppe entfernt, als dem Anführer lieb ist, wird zurückgepfiffen, auch mit scharfer Stimme abgekanzelt. Jeder fügt sich. Mit der Zeit flüstern die Mitglieder der Gruppe nur noch untereinander. Sie schweigen wie eine brave Schulklasse, wenn der Anführer seine Vorträge

hält. Sie lachen, wenn er ein Witzchen macht. Er erläutert die Bäume und Pflanzen, weist an, was zu fotografieren ist. Er hat begriffen, dass wir Ausländer sind, und zeigt uns jetzt mit ruckartigen Gebärden, wohin die Kamera zu richten ist. Der schmale Fabrikschlot im Tal bei den Datschen gehört nicht zu seinen Lieblingsmotiven.

»Karadag« umfasst das ganze Gelände, nicht nur den dunklen Felsenberg. Diesen werden wir nicht besteigen, höre ich zu meiner Erleichterung. Wer sich stark und »fit« genug fühlt (»fiiit« sagt der Anführer mit einem Nicken in unsere Richtung), wird an einem Punkt (einem wunderschönen Hain mit wilden Obstbäumen) zur Umkehr aufgefordert. Ganz allein? Der Hund wird sie begleiten. *The unfit* machen sich auf den Rückweg, fast die halbe Gruppe. Die Abchasen fühlen sich fit.

In der Tat, der weitere Aufstieg ist nicht einfach. Meine Knie- und Handgelenke schmerzen, ich spüre die Operationsstelle im Nacken, werde etwas besorgt, doch dann haben wir den Kamm erklommen, über den ein bequemer Pfad führt, nach rechts anscheinend sogar bis auf das Felsmassiv des Karadag, doch wir gehen nach links.

Der Ausblick ins Land hinein ist grandios. Die vielen Bergformen und Gesteinsarten, die Täler, der bunte Wald in der Ferne, kaum eine Spur von Ortschaften. Das Bilderbuchmeer, die Buchten, der Schwung der Küste jenseits des Karadaggipfels. Alles wie bestellt für einen Abenteuerfilm. So vieles auf so kleinem Raum. Ich ertappe mich bei pathetischen Gedanken an die Antike. Eine Art Ehrfurcht, die nichts mit der Natur zu tun hat. Eher mit der Mythenhaltigkeit dieser Küste. Mit ihrer Mytheneignung. *Fit for myths.*

Wir gehen weiter, bis zum Ausblick auf eine Felsformation in einer Bucht tief unten. Die Goldene Pforte. Wie auf Bestellung löst sich ein Boot vom Ufer, zwar ein Motorboot, aber immerhin. Den Motor hört man bis hier oben gar nicht. Kielwasser schäumt. Der Anführer lacht stolz: Schmuggler! Hab ich's nicht gesagt! Beifälliges Kichern, wie es sich gehört. Fragt sich, was da geschmuggelt wird. Waffen? Das verrät der Anführer nicht.

Alle fotografieren, lassen sich fotografieren. Ich knipse: Felsen und Himmel, Felsen und Meer, Meer und Himmel, Bergwelt Richtung Inland.

Der Mann aus Kiew klettert auf einen Felsen, um den sich eine Art Felsfinger krümmt (ein Nasenbohrerfelsen?). So will er fotografiert werden. Als sei er ein Schmuggler, der aus der Bucht geklettert ist. Ein Waghalsiger. Alle jungen Frauen gehorchen und fotografieren ihn, der Anführer – der sich zuvor von allen jungen Frauen vor Meereshintergrund hat fotografieren lassen – pfeift ihn gebieterisch zurück. Mir fällt auf, dass zwei junge Frauen sehr teure Kameras haben. Außer mir (und Thomas aus Babelsberg) fotografieren nur die Frauen.

Wir verlassen das Naturschutzgebiet und machen uns zu zweit auf den Weg nach Koktebel, während die Gruppe – mit dem Anführer – noch einen Aussichtspunkt anstrebt. Dort wird wahrscheinlich auch eine Trinkgeldverabreichung sein. Ohne uns.

Auf der Rückseite des Karadagmassivs ist bunter Wald, doch die Bäume sind niedrig, Zwergeichen. Altmodische Schilder – alles so kindlich, so bunt und belehrend! – warnen vor Waldbrandgefahr. Wir sind ganz allein auf dem Weg. Vom Waldrand aus ein Blick auf Koktebel und – Ordschonikidse in der Ferne. Von hier aus lässt sich nicht mehr erkennen als von der Straße aus. Nur hebt sich heute der weiße Besiedlungsstreifen ge-

gen Felsen ab und nicht gegen das Meer. Die Felsen so anders als bei Kurortnoje, weich und hell, fast gelblich, doch sehr karg. Viel karger als der Karadag. Als wüchse dort kein Hälmchen. Geheimnisvolles Ordschonikidse.

In diesem Licht – Sonne, Spätnachmittag – sehen die Hänge nach Koktebel, die Berge hinter uns tatsächlich blau aus. E. erzählt von Voloschin, dem Dichter/Maler/Visionär von Koktebel. Ich kann mir vorstellen, dass diese Landschaft Spinnereien wecken kann. Levitationen. Gesichte. Zwischenweltliches. Geheimnisvolles Russland. All diese Ahner und Meister, diese Stefan-George-Typen. Vielleicht tue ich Voloschin Unrecht.

Kurz vor dem Ortseingang nach Koktebel ein Sportplatz. Verlassen, aber nicht verwahrlost. Das Gras ist an einzelnen Stellen ganz abgelaufen. Die Tore – oder sind es Turnstangen? – hellblau gestrichen. Sie stehen herum, wie abgestellt. In keiner Ordnung für ein Fußballspiel. Vielleicht gibt es hier andere Spiele. Es sind vier Tore (oder Turnstangen?). Kurze Anwandlung von Melancholie. All dieses Blau. Der Sportplatz weckt Kindheitserinnerungen – unvermeidlich, wer hatte keinen Sportplatz in seiner Kindheit? Auch wenn man Sport fürchtete, man machte mit, war ein verschwitzter Körper in Gruppen, gehörte dazu, sogar mit Brille. Ich kann mir vorstellen, wie man hier Kind ist und auf dem Platz zwischen diesen Böschungen mit dem Brombeergestrüpp Fußball spielt. (Ich musste Rugby spielen. Nach den Spielen gab es Gruppenbaden in großen Wannen. Kameraderie der blauen Flecken.)

Ein paar Schritte weiter (rechts eine kleine Fabrik mit eingeworfenen Fensterscheiben, links, auf dem Hang, erhält ein Prachtbau den letzten Schliff) und unversehens stehen wir am Wasser. Am ganz blauen Schwarzen Meer. Alles lieblicher als bei uns. (Bei uns in Kurortnoje!) Etwas mittelmeerisch. Vorbei an einem großen Haus hinter Bäumen, einem großen Tor. Das Voloschinhaus. Akazienbäume. Gipslöwen. *Komnata* – Zimmer frei. Soviel kann ich schon entziffern. Gelassene Hunde. Sie haben es hier besser.

Wir beschlossen, die Gunst des herrlichen Wetters auszunutzen, um den Tschatir Dag zu besteigen, den Zeltberg der Tataren, den Trapezos der Griechen und die Palata Gora der Russen. Da Berge in Russland eine Seltenheit sind, waren etliche Vorbereitungen erforderlich, bevor wir zu der Unternehmung aufbrechen konnten. Wir schickten unser Gepäck mit dem Pferdewagen zu einer Poststation an der Straße nach Aluschta voraus, heuerten einen Tataren mit drei Pferden an und in Gesellschaft eines wackeren Deutschen, der als unser Dolmetsch fungierte, nahmen wir eines schönen Nachmittags Abschied von Simferopol und ritten im Schatten der Alleen das Tal hinauf, das wir von der Anhöhe bereits bewundert hatten. Hin und her überquerten wir den kleinen Fluss und kamen immer wieder an bezaubernde kleine Winkel, deren Reiz zum Bau malerischer Landhäuschen verlockt hatte; nach den langen Reisen über die Steppe mit ihrem völligen Mangel an Landhäuschen, Gärten, Bächen und Bäumen hatten wir umso größere Freude an diesen Idyllen. Wir kamen durch Obstgärten und zogen an Feldern mit Tabak, Mais, Flachs und Hirse vorüber. Nach gut neun Meilen auf der Straße nach Aluschta bogen wir ab nach Sultan Mahmout und erreichten kurz nach Einbruch der Dunkelheit das Tatarendorf Bujuk Jankoi, wo wir die Nacht verbringen wollten, um am nächsten Tag den Berg zu besteigen.

Vor einer niedrigen Veranda saßen wir ab und betraten durch ein vielleicht drei Fuß hohes Loch eine Art Hütte. Nachdem wir ein kleines Vestibül durchquert hatten und durch eine weitere Öffnung gestiegen waren, fanden wir uns in einer geräumigen Wohnung wieder, die mit dickem weißem Filz ausgelegt war. … Etliche Büschel wilden Thymians hingen von den dicken Dachbalken, doch sie waren nicht imstande, ihrem Zweck gerecht zu werden und den starken Knoblauchgeruch abzumildern, der jeden hier umwölkte und alles durchdrang. Uns entzückte die behagliche Atmosphäre der gesamten Unterkunft, nichts hätte reinlicher wirken können als die geweißten Wände oder weicher als der weiße Filz, doch hatten wir eine Eigenschaft des Letzteren noch nicht kennenlernen dürfen … Es gab keinen Samowar, stattdessen reichte unser Gastgeber uns kleine filigrane Tassen mit dickflüssigem Kaffee. Seine Frau, die zu alt und hässlich war, um ihr Gesicht verhüllen zu müssen, schichtete für uns Matratzen und Kissen auf den Diwan und bald lagen wir, des starken Knoblauchgeruchs der Kissen ungeachtet, auf weichen Lagern ausgestreckt im Raume. Wäre doch der Knoblauchgeruch nur die einzige Unannehmlichkeit gewesen! Offenbar hatten die Flöhe abgewartet, bis wir ihnen völlig ausgeliefert waren, und drangen jetzt zu Tausenden aus dem Filz auf unsere Körper ein. Beim Betrachten des alten tatarischen Frauenzimmers, das uns ein so weiches Lager richtete, hatte ich kaum damit gerechnet, mich die liebe lange Nacht hindurch schlaflos auf den Polstern wälzen zu müssen.

Glücklicherweise hatten wir für den nächsten Tag einen frühen Aufbruch geplant und ließen unser weiches Lager um drei Uhr am Morgen mit Freuden hinter uns. Nach einem weiteren Kaffee und einer kleinen Spende an unseren Gastgeber, der gar nichts annehmen wollte, bis seine bessere Hälfte einschritt, bestiegen wir wieder unsere Ponys und folgten, von zwei Tataren aus dem Dorf geführt, im Licht eines sehr kleinen Mondes dem felsigen Pfad bergauf. Gut zwei Stunden lang führte uns der gewundene Weg durch Buchenwälder – angeblich hervorragende Jagdgründe mit schönstem Rotwild – und an schmalen Kämmen entlang, von denen aus man in ausgedehnte Täler blickte. Am letzten steilen Abschnitt des Aufstiegs angelangt, übergaben wir unsere Pferde einem der Führer und kraxelten zwischen verstreuten Felsen und kümmerlichen Wacholderbüschen noch eine weitere Stunde bergauf, um schließlich, wenige Minuten nach Sonnenaufgang, an den schwindelerregenden Rand der Kalksteinklippe zu gelangen, die den höchsten Gipfel bildet. …

Der überwältigende Blick von diesem Punkt aus belohnte uns für die Mühen des Aufstiegs. Gleich zu unseren Füßen, und zwar so direkt, dass man einen Stein hätte geradewegs auf die Bäume fallen lassen können, die etliche hundert Meter unter uns lagen, erstreckte sich eine abwechslungsreiche Wald- und Wiesenlandschaft, blauer Rauch stieg kräuselnd über den vereinzelt in der Landschaft liegenden Baumgruppen auf und vielköpfige Viehherden wirkten in ihrer Winzigkeit wie mit dem Pfefferstreuer auf den saftigen Weiden versprengt. Anheimelnde Tatarendörfer waren über die sorgfältig bestellten Täler verstreut und Bergbäche wanden sich durch die Landschaft auf dem Weg zum Meer; dieses war unter einer dichten Wolkenbank, die den südwärtigen Horizont vor uns verbarg, kaum erkennbar. Uns gegenüber ragten im Westen die atemberaubenden Zacken und Klüfte des Konkurrenzberges Babugan Jaila auf, während sich nach Norden hin die sanft gewellte Steppe dehnte, so weit das Auge reichte … Wir konnten den Verlauf des bewaldeten Tals des Salgir verfolgen und in der Ferne die weißen Häuser von Simferopol am linken Ufer erkennen. Wir sahen die Buchenwälder, durch die wir am Morgen geritten waren, und das Plateau aus Kalksteinfelsen, über das wir gestolpert waren. Wir fanden einen großen Stein, auf dem ein Russe seinen Namen eingeritzt hatte, und da wir der Meinung waren, der Ort verdiene eine solche Entweihung nicht, schleuderten wir ihn über einen weniger steil abfallenden Teil des Felsvorsprungs. Wir reckten unsere Hälse, um zu sehen, wie er unten auftraf, doch hörten ihn nur krachend von einer Felsnase zur nächsten hinunterpoltern. Ein prachtvoller Adler stieg, überrascht von diesem ungewöhnlichen Lärm, aus seinem Horst wenige Meter unterhalb unseres Vorsprungs majestätisch in die Lüfte und überließ uns die uneingeschränkte Herrschaft über den Gipfel des Tschatir Dag.

10

Der Abstieg nach Koktebel führte auf einem breiten Weg durch den Wald. Es war die erste Wanderung hier mit ausholendem Schritt und nach den halbverlassenen Straßen von Kurortne, dem Ausflug in die Romantik, dem überwachten Erklimmen des Karadag-Kamms fühlte sich der Abstieg durch den Wald an wie eine Befreiung. Der Wald war bunt wie auf den Hängen hinter Sudak, rings um das Honig- und Bitterdorf, aber offener, lichter. Es war sehr still, kaum ein Vogel zu hören. Außer den Möwen und Kormoranen an der Mole hatten wir nicht viele Vögel auf der Krim gesehen, vielleicht sammelten sie sich um diese Zeit alle im flachen Asowschen Meer zur Winterreise nach Süden.

Von Zeit zu Zeit ragte ein ausgebleichtes Schild aus dem Gebüsch, darauf gebot eine große Hand warnend ein kyrillisches *STOP!* dem Autofahrer, der drohte, eine Igelfamilie zu überfahren, oder ein einstmals leuchtend roter Vogel rief mit weit aufgerissenem Schnabel Alarm aus angesichts eines qualmenden Zigarettenstummels im Gebüsch. »Der Wald ist unseres Volkes Gut!« Die Röte des Vogels ließ den Betrachter unschlüssig werden: War er der Warner oder der Brandstifter?

Der Wald war das Gesicht der Landschaft auf der meerabgekehrten Seite des Gebirges, eine Gegenrede zu der kargen Felsigkeit im Süden und Vorrede zur Steppe, die sich nach Norden ausbreitete und dann ins Sumpfland des Faulen Meers auslief.

Je weiter wir den Karadag und seine Ausläufer hinter uns ließen, desto lichter und schütterer wurde der Wald und die seltsame Landschaft aus Mulden und Wölbungen im Hinterland von Koktebel breitete sich aus. Das schräge Herbstlicht machte aus der Landschaft ein Hell-Dunkel-Muster voller Blautöne. In einem kleinen Tal abseits des Wegs rostete ein endlos langes Gewächshaus vor sich hin, die Glasflächen waren alle zerbrochen, was immer darin gediehen sein mochte, es hatte sich in borstiges Gestrüpp verwandelt, das zwischen Scherbenrändern aus dem Gerippe ragte. Ein alter Mann kam uns entgegen, er zog eine Ziege hinter sich her, Herr und Ziege auf den Fersen trottete ein Hund. Der Mann erwiderte unseren Gruß nicht, als wir uns nach ihm umwandten, sahen wir ihn auf einen Pfad abbiegen, den wir nicht bemerkt hatten. Der Pfad führte zu einem kleinen Haus, das hinter einer über und über mit Muscheln bedeckten Mauer lag. Die Mauer schien viel zu groß und dick für das Haus.

Vor Jahren hatten wir den russischen Film »Koktebel« gesehen. Darin reisen ein Vater und sein kleiner Sohn mit allen der Armut verfügbaren Mitteln durch russisches und ukrainisches Herbstland in Schlamm, Frost und Regen. Koktebel ist ihr Leitstern, die blaue Stadt am blauen Meer, die warme Stadt am warmen Meer, die Tatarenstadt, die ihr Tatarentum zurückgewinnt, nachdem sie in Sowjetzeiten *Planerskoje* hieß, die »Segelfliegerstadt«, wo man mit der Thermik experimentierte, die diesem nur mit dünnem, flachem Gras bestandenen Gelände der Krater und Hänge eigen ist. Am Schluss ist Koktebel eine Enttäuschung, der Traum der kleinen Jungen vom Fliegen erfüllt sich nicht, von Tataren keine Spur, die Stadt ist von Touristen bevölkert, die sich zwischen Souvenirbuden drängen, in Lokalen mit Seeblick schmalzen abgewirtschaftete Schlagersänger, deren Toupet sich mit Mühe auf der Glatze hält. Der Film war wie eine Widerrede zum Koktebel Voloschins, des Krimpropheten, der in seinem Haus die Dichter des »Silbernen Zeitalters« der russischen Literatur in den Jahren vor der Revolution beherbergt und den Namen der Stadt zum Zauberwort gemacht hatte.

Wir näherten uns dem Ort über eine kleine Straße zwischen einem schilfigen, faulig riechenden Gewässer und einem einsam daliegenden Sportpatz, wo kurzes, harthalmiges Gras um die Fußballtore stand. Der Sportplatz befand sich in einer kleinen Senke, wo sich schon Abend sammelte. M. machte ein letztes Foto. Die Fußballtore verschwammen im beginnenden Dämmer, die Berge, die in der Ferne hinter der ansteigenden Böschung jenseits des Platzes aufragten, leuchteten in der Sonne. Kälte wehte uns aus diesem verlassenen kleinen Sportplatz entgegen und ließ uns rasch weitergehen, beklommen, fast erschrocken von dieser vorzeitigen, eisigen Abendlichkeit, als gäbe es dort einen Boden, auf dem Dunkelheit wuchs.

Die kleine Stadt, auf die wir dann fast hinterrücks stießen, an Verlassenem, Ödem, Abgeschobenem vorbei, hatte mit dem traurigen Koktebel der hoffenden Tramper und Schwarzfahrer aus Moskau am Anfang des 21. Jahrhunderts ebenso wenig zu tun wie mit dem verheißenen Glücksort der Dichter aus St. Petersburg und anderswo am Anfang des 20. Jahrhunderts. Es war ein Badeort, der sich anschickte, den Winterschlaf anzutreten. Hoch oben an einem mit fahlem Gras, Abfall und spärlichem immergrünem Gestrüpp bedeckten Hang baute ein Trupp Arbeiter an einem großen Hotel. Ein alter scheppernder Lastwagen mit stockendem Motor rutschte die steile Baustellenzufahrt hinunter, ich hörte die Bremsen ächzen und bangte um die drei Bettler, die sich gleich bei der Mündung der Auffahrt in die Straße an einem Müllcontainer zu schaffen machten. Kleine Katzen huschten hin und her über die Straße, verwahrloster und wilder wirkend als am Delfinarium von Kurortne.

Hinter der nächsten Ecke aber wandelte sich alles dann doch noch unversehens zu einer Art Lieblichkeit: ein Ausblick zwischen niedrigen alten Häusern öffnete sich auf sanftes Wasser, kleine Wellen rollten an den Kieselstrand, ein Mann unterbrach das Putzen seines aufgebockten Bootes, um mit einem Hund zu spielen. Beim Spiel warf er dem Hund zärtlich klingende Worte zu, die ich nicht verstand. Uns fiel auf, wie vieles hier blau gestrichen war. Das tatarenblaue *kök* im Namen setzte seine Zeichen. Schon die Fußballtore draußen auf dem verlassenen Sportplatz hatten hellblau aus dem Schatten geragt. Gartenpforten und Haustüren waren türkisblau gestrichen, Stühle und Tische in den wenigen Höfen, in die man blicken konnte, die Boote am Strand, Mülleimer, Fensterrahmen. Aufschriften auf Schildern: *Zimmer zu vermieten*. Die großen, etwas schief und ungleichmäßig geratenen Augen zweier ungeschickt modellierter Gipslöwen mit bleckenden Zähnen, die ein eisernes Gartentor bewachten. Vielleicht zollte man dem altneuen Ortsnamen damit seine Achtung. Eine kleine Straße lief schräg auf den Kieselstrand zu, wo Boote umgekippt lagen, von Pfählen gestützt, so dass ein Spalt zwischen Bootsrand und Boden frei blieb, als sollte da streunenden, obdachlosen Geschöpfen ein Schutz angeboten werden. Ein winziger Kiosk war geöffnet, ein Mann stand, die Ellbogen auf die vorn ausgeklappte Lade gestützt, und trank Bier. Er beobachtete uns, wahrscheinlich glomm eine kleine Hoffnung auf Kundschaft auf, werweiß wofür, eine Bootsmiete, ein Essen, ein Zimmer, das er in einem der winzigen, engen, dicht an den Strandkies gebauten Häuschen anzubieten haben mochte. Ein paar Autos mit russischen Kennzeichen standen am Straßenrand, hinter den Booten saßen zwei Angler. Wir streiften durch Straßen in der Nähe des Strands. Die Tore zu den meisten Höfen waren geschlossen, aber es wirkte nicht ausgestorben wie Kurortne. Hinter den angerosteten Gartentoren ließen sich Alltagsgeräusche vernehmen, Fegen, Hämmern, Hundegebell, eine Axt, die in langen Abständen auf Holz traf. Wir stießen weder auf eine Promenade noch auf die Blocks mit Ferienwohnungen, vor denen man mich gewarnt hatte. Das Koktebel, das wir sahen, war ein fast dörflicher Ort, wo alles langsam ging, wo der Witwer und sein kleiner Sohn aus dem Film sehr wohl sich hätten verdingen und unter Umständen auch glücklich werden können, obwohl sie nicht fliegen würden, denn dass der Mensch das in Koktebel erlernen konnte, das war ein Trug.

Die Straße mit Voloschins Haus gefiel mir. Akazienbäume zwischen staubigem Wegrand und Gartenmauern, die Zweige ließen mit leisem Wispern ihre Blätter. Alte Männer schlurften in Hausschuhen über die Straße, um einander zu grüßen, zu plaudern, schweigend nebeneinander mal in die eine, mal in die andre Richtung zu starren. Katzen saßen in Sonnenflecken zwischen den Bäumen, Hunde schlichen hinter ihren schlurfenden Herren. Die Häuser lagen tief in schmalen Gärten. Das Tor zu Voloschins Haus war geschlossen, wir sahen nur das Dach, die oberen Fenster über dem Tor, ahnten einen schönen Hof und Garten. Sicher gab es auch in diesem Museum Bräute, die stets bereit waren, den unerwarteten Gast an den Heiligtümchen vorbeizuführen, aber wir waren zu müde. Wir brauchten keine Szenerien von Dichterleben vor hundert Jahren. Was seit Mandelstams Koktebeler Sommern über diese Gegend hinweggegangen war, hatte alles, auch da, wo noch alter Stein auf altem Stein stand und kein Ziegel verrückt worden war, in eine Mangel genommen, die schöne Geschichten aus den Dingen ausgewrungen hatte. Trotzdem mochten wir Koktebel. An der Hauptstraße bauten die letzten Händler ihre Stände ab und packten, was übrig war – Nüsse, Äpfel, bräunliche Hagebutten –, in ihre alten Autos. Langsam kam der Abend aus der Sportplatzsenke geschlichen und füllte die Lücken zwischen Häusern und Bäumen. Frauen standen an den Straßenecken, ihre Einkaufstaschen waren nicht schwer, sie plauderten, lachten, trugen Strickjacken über den Hauskitteln, die Füße steckten in bunten Pantoffeln. Wir tranken einen Kaffee in einem kleinen provisorisch wirkenden Lokal, hinter der Theke auf einem Bord lief der Fernseher, den niemand beachtete. Der Wirt hatte ein teigiges Gesicht, servierte abwesenden Blicks das Bestellte auf der Theke, verschränkte dann die Hände wieder hinter dem Rücken und starrte durchs Fenster hinaus. Wenn eine Marschrutka in Sichtweite hielt, hob er die Hand und rief aus: »Feodossija!«, »Schebetowka!« Niemand stand auf. Bei der nächsten Marschrutka rief er »Biostanzija!«

In dem Kleinbus saßen nur noch ein paar Männer, die offensichtlich von ihrer Arbeit heimkehrten. Sie hockten müde auf den abgewetzten Sitzen, zwei waren betrunken, sie blickten grimmig, maulten Unverständliches, niemand reagierte. Die Schatten draußen in der Landschaft waren schon lang und dunkel. Man spürte die Kälte. Der Kleinbus fuhr zuerst über den Abzweig nach Kurortne hinaus bis Schebetowka. Vielleicht lag es an dem Übergang von Felsenkulisse zum sanften bunten Wald im Hintergrund des Dorfes, an den weinberankten Häusern, an der seltsamen Leere in den Straßen und auf dem großen Platz vor einer Schule, dass mir Băile Herculane einfiel, ein alter Kurort in Rumänien, im südöstlichsten Winkel des Banat, wo Kinder bis in den Abend auf staubigen Plätzen von eintönigen Abzählliedern begleitete Kreisspiele spielten, die damit endeten, dass sie plötzlich kreischend auseinanderstieben und zwischen den zum Trocknen aufgehängten Wäschestücken in Höfen verschwanden. M. fühlte sich an Polen erinnert. An ausgestorbene Städtchen im Norden unter blassem Frühlingslicht. Vielleicht waren es die niedrigen Häuser, der Spielplatz, die seine Erinnerungen weckten. Die hiesige Landschaft selbst hätte nicht weiter von der polnischen entfernt sein können. Ein paar Kinder standen an der Bushaltestelle, um ihre Väter abzuholen, es war Samstagabend, sicher waren sie die ganze Woche fort gewesen. Einer der Betrunkenen strich einem spitzgesichtigen, fast kahlgeschorenen Jungen über den Kopf, das Kind krümmte sich unter der Hand seines Vaters. Auch diese Szenen kannten wir aus anderen Gegenden: die heimkehrenden Väter, das bange Erwarten des Geldes, das Ausschicken der Kinder, die den Vater wie Engel an der Kneipe vorbeigeleiten sollten.

Dabei hatten Angst und Sorge und das Sichkrümmen unter väterlichen Händen den Kindern längst alles Engelhafte entzogen.

Der Friedhof an der Abzweigung nach Kurortne lag im letzten spärlichen Licht, das über die Berge glitt. Die Kunststoffblumen leuchteten noch, die Metallkreuze ragten dunkel und stumpf, Gestelle für Plastikkränze, die das Seeklima ausbleichte, doch niemals zum Verwelken brachte. Wir bemerkten jetzt, wie an dieser Straße nach Kurortne alles von einem dünnen, hellen Staub bedeckt war. Was ich – der schüttenartigen Vorrichtung in der Felsenbucht wegen – an der aus Kurortne führenden Straße für ein Kieswerk gehalten hatte, erwies sich als Steinbruch. Eine Insel steinerner Helligkeit im Grau. Sogar die blauen Trauben, die sich auf der Ladefläche eines Lastwagens am Weinfeld zu einem Hügel türmten, schienen von dieser Staubschicht überzogen.

Die Erntearbeiter schlurften davon, Richtung Kurortne. Die beiden frommen Frauen an den Marschrutka-Haltestellen im Dorf räumten gerade ihre Schriften und Flugblätter fort. Ich stellte mir vor, wie sie zusammen fortgehen würden, untergehakt, die Köpfe lachend in den Nacken geworfen, als wäre ihre tägliche Mahnwache nur ein Scherz. Die Pferde hatten schon ihr Nachtquartier aufgesucht, die Hunde lagen in kleinen Schlafrudeln über den Hang verstreut, die Ziegen bockten unter ihrem Dach und Fach. Die Luft war blau in Kurortne, der Karadag lag im Abendglanz. Er sah in diesem Licht betrachtet auch von hier aus nicht mehr schwarz und schartig aus, sondern weich und gelblich, fast golden.

Ein letzter Spaziergang zum Schwarzen Meer. Wir sammeln Steine. Trotz Verbot. Eine kleine Katze folgt uns über den Strand, aber wendet sich dann einer Frau zu, die aufs Meer schaut. Man sonnt sich! Seit Tagen keine Spur von den Pferden. Die Pferdeäpfel auf der Straße ganz vertrocknet. Das Wetter ist schön, vielleicht sind sie wieder in Diensten. Auf dem Rückweg zum Hotel kommen die Ziegen auf uns zu galoppiert. *The Charge of the Goat Brigade*. Als ich die Kamera hebe, bleiben sie stehen. War es das, was sie wollten?

Am Mittag nehmen wir Abschied. Von Lena und Olga und dem Mann aus Kiew. Die Chefin winkt aus dem Fenster. Mit dem Taxi geht es zurück nach Simferopol, zum Bahnhof. Um drei Uhr geht der Nachtzug nach Kiew.

Das Land sieht freundlich aus. Obststände säumen die Straße. Überall bemerke ich jetzt Minarette, die meisten Frauen, die man in Ortschaften sieht, sind muslimisch gekleidet. Dabei sind die Tataren noch gar nicht lange wieder hier. Zu Oliphants Zeiten gab es zwischen Kertsch und Simferopol nur wenige Russen.

Auf der Fahrt durch diese Gegend mit so vielen Gesichtern, die wir jetzt in kurzer Zeit gesehen haben, frage ich mich, was mir von alledem in Erinnerung bleiben wird. Was von diesen Tagen auf der Krim wird mich halten? Die felsige Küste im steten Wechsel von dunkel und hell, die Minarette der neuen Moscheen in den kleinen Städten zwischen Koktebel und Simferopol, die an Arad erinnernden Gegensätze von Simferopol und Feodossija, die Vielfalt der Landschaft, die kahlen Berge im Norden und Osten von Koktebel. Und die Hunde und die Katzen und die Pferde und die Ziegen. All der Beton mit all den rostigen Eisen- und Stahlrippen, die darin stecken und so gefährlich herausragen.

Wieder bringe ich meinen Mini-Herodot unaufgeschlagen zurück. Der alte Hörensager. Allerhand Aufregendes will er gewusst haben über die Skythen, die sich hier hinter den Bergen herumtrieben. Hinter den sieben Bergen. Die, die Hosen trugen. Und Filzmützen. Sich im Trauerritual ins Gesicht schnitten. (Skythenschmisse? Meine Mutter wollte mir vor zehn Jahren nicht glauben, dass es in Deutschland noch jüngere Menschen mit Schmissen gibt.) Was kann ich jetzt schon sagen über die Krim? Man blickt, man sieht, man schreibt etwas auf. E. übersetzt mir. (Auch so ein Hörensagen.) Der einzige Krimmensch, den wir gesprochen haben, ist Lena, mit Kochmütze und Trinkeratem. Alle anderen waren von anderswo. Aber ich habe die Krim gesehen. *Autopsy* statt *history*. Oder *autopsy* und *history*. Am besten *autopsy* als *history*, wenn mal was draus wird.

Der Bahnhof in Simferopol ist kein Ort zum Verweilen. Aber wir müssen unsere Fahrscheine holen, Proviant kaufen, den Bahnsteig finden. Ich fürchte Diebstahl, die Atmosphäre ist etwas bedrohlich, vielleicht liegt es nur an der merkwürdigen stalinistischen Riesenhaftigkeit des Bahnhofs und den Marinesoldaten. Gedränge auf dem Bahnsteig, der Zug ist verspätet, alle scheinen in Position zu gehen, um den Zug zu stürmen. Wir haben Platzkarten im Schlafwagen, aber man hat uns schon gewarnt, dass das nichts garantiert.

Der Zug fährt ein. Hektische Suche nach unserem Waggon (Wagenstandsanzeiger gibt es nicht). Unsere Reservierungen sind für verschiedene Abteile. Die Schaffnerin zuckt mit den Achseln. Das müssen wir selbst regeln. In dem Abteil mit meiner Reservierung sitzt ein Herr. Er ist freundlich, macht sofort Platz, als E. die Situation erklärt. Zu unserer Überraschung klappt er die Bank auf, auf der er gesessen hat, darin ist sein Gepäck, auch das Bettzeug für die Nacht. Er hört, dass wir englisch sprechen und wünscht uns in schönem Englisch eine gute Reise.

Hinter Simferopol ist die Landschaft sehr flach, früher Steppe, jetzt Felder. Ab und zu Fabriken, mehr oder weniger nah an der Bahnstrecke, Arbeiter auf Fahrrädern aus einem Fabriktor kommend. Kleine Orte im Nachmittagslicht, der Zug hält alle zehn Minuten in einem Nest. Niemand scheint zuzusteigen, niemand auszusteigen. An den Nachtzug nach Kiew treten nur Verkäufer mit Proviant, die ihre Körbe zu den Fenstern heben. Will man kaufen, muss man an die Waggontür gehen, die sich schwer öffnen lässt. Auf einem schmalen Damm fahren wir durchs Faule Meer. Schilf, Vögel, eine riesige bläuliche Wasserfläche. schwarze Erde, unendliche Felder, wenige Dörfer, Getreidesilos im Licht der untergehenden Sonne, ein roter Ball, der keine Wärme verströmt. Später ein schöner klarer Halbmond (zunehmend) mit dem Abendstern direkt darunter. Im Dunkeln kommen wir nach Zaporosche. Der Dnepr ist hier etliche Kilometer breit, doch wir sehen nichts davon.

Ich schlafe kaum. Der Zug fährt im Schritttempo durch Bahnhöfe. Nichts regt sich auf den trüb beleuchteten Bahnsteigen, doch überall diese unförmigen Haufen, das sind Menschen. Obdachlose mit ihren verbliebenen Habseligkeiten? Reisende, die den Zug verpasst haben? Deren Zug nicht gekommen ist? »Drei Tage Warten auf den Zug war keine Seltenheit.« Wo habe ich das gelesen? Unwillkürlich denke ich an Krieg, Nachkrieg, Flucht. Doch hier gehört dieses Halbleben auf den Bahnhöfen zum Alltag. Vielleicht hat es nie aufgehört, seit dem letzten Krieg. Auch eine Art Mobilität. Flexibilität. Zivilisationserscheinungen.

Gegen halb zwei am Morgen weckte mich ein heftiger Ruck, und ich stellte fest, dass wir mit unserem langen sperrigen Gefährt in der engen gewundenen Gasse einer Tatarenstadt steckten, nachdem – was nicht weiter verwunderlich war – der Versuch gescheitert war, um zwei Ecken zugleich biegen zu wollen. Doch war ich dem Bordstein dankbar, der mich aus nicht gerade sanftem Schlummer gerissen hatte, denn so hatte ich Gelegenheit, eine Szene auf mich wirken zu lassen, wie sie nur selten die Eintönigkeit einer Reise unterbricht und den müden Reisenden für die Unbequemlichkeiten und Strapazen vieler Tage entschädigt. Die gewundene Straße, in der wir festsaßen, war nur an einzelnen Stellen von einem abnehmenden Mond erleuchtet und dort pechfinster, wo sich die schiefen alten Häuser so zueinander lehnten, dass sie fast zusammenstießen. Die breiten Balkone, die in alle Richtungen ihren Schatten warfen, wirkten so verlassen, als hätte sich nie eine Menschenseele in den leeren Läden unter ihnen aufgehalten; kein einziger Hund gab Laut, um den Bewohnern unsere Anwesenheit zu melden, und ich fragte mich schon, ob diese Häuser nicht die aufgegebenen Wohnstätten einer längst ausgestorbenen Rasse sein mochten, als plötzlich eine stumme Prozession bärtiger Männer in geschlossener Zweierreihe aus einer der dunklen Gassen kam. Die langen Gewänder und der gemessene Schritt verliehen ihrem Gang eine erhabene Feierlichkeit, deren Ausstrahlung den Betrachter durchaus dazu veranlassen konnte, sie für die stumm klagenden einzigen Überle-

benden ihres Volkes zu halten. Jeder einzelne Mann war klar und deutlich zu erkennen, während er durch die mondbeschienenen Flecken schritt, dann verschwand die Prozession lautlos und wir setzten unseren Weg über die trostlose Steppe fort. Stunden später erwachte ich wieder, diesmal in der elenden Wirklichkeit einer hüttenartigen Poststation, und konnte mich nur mit Mühe davon überzeugen, dass der geisterhafte Anblick eines armenischen Begräbnisses in der alten Tatarenstadt Karassu Bazaar nicht ein Traum gewesen war.

11

Zum Abschied schenkte Lena mir eine Tüte mit Krimtee und M. eine Flasche Wein. Süßen roten Wein, nicht gerade M.s Geschmack. Er bedankte sich wortlos verlegen, tat sich schwer mit einem zusammenhanglosen *spasibo*. Der süße Wein würde wie ein Ziegelstein im Gepäck liegen, bis wir ihn andernorts zum Mitbringsel für Gastgeber erklären könnten. Die getrockneten Teekräuter flüsterten im Papier, als ich die Tüte in den Koffer packte, und hinterließen in allen Fasern meiner Kleider den Geruch nach Rosen, Schafgarbe, Minze und Wermut, der sich monatelang hielt.

Der Taxifahrer in seiner zigarettenrauchschweren Lederjacke kam, um uns zurück nach Simferopol zu bringen. Es war ein heller Tag, sonnig und mild. Wir passierten den Friedhof hinter Kurortne, den wir nun doch nicht aufgesucht hatten. Die Metallkreuze, die grellen und die bleichen Kränze, der Eisenzaun und der Wiesenstreifen und die zwei, drei gebückten Frauen, die sich an Gräbern zu schaffen machten, lagen im sanften Herbstlicht wie auf einem Bild, das sich für uns zum Abschied hier gefügt hatte und jetzt – in meiner Erinnerung ganz langsam, viel zu langsam für die Geschwindigkeit, mit der das Auto auf die Kreuzung mit der Straße zwischen Koktebel und Schebetowka zugefahren sein muss – an uns vorüberzog. Ein Friedhof, den wir nicht aufgesucht hatten, es erschien uns beiden auch ohne dass wir uns darüber verständigten, als ein seltsames Versäumnis nach Jahren gemeinsamer Reisen, in denen wir kaum je den

Friedhof eines besuchten Ortes ausgelassen hatten. Unsere Köpfe waren voll mit Bildern und Erinnerungen an Friedhöfe zwischen Kalkutta und Queens, doch der Friedhof von Kurortne würde seine Namen für sich behalten, die Lebensdaten, die unsichtbaren Fäden, die sich zwischen Namen und Daten auf den einzelnen Gräbern spinnen lassen konnten. Wir würden uns an keine Gesten der gräberpflegenden Frauen erinnern, an keine Geräusche, an keine Gerüche und nicht an den Blick vom Friedhof auf die Marschrutkas, die auf der Straße vorüberfuhren und aus deren Fenstern Passagiere auf den Friedhof blickten. Das Taxi bog an der Kreuzung nach rechts, wie es sich gehörte, und bald schoben sich die Koktebeler Berge zwischen uns und Kurortne.

Wir warfen letzte Blicke auf die Krater und karstigen Hügelwellen von Koktebel, wo die Berge in die Steppe ausatmeten, auf das kleine weiße und wahrscheinlich nicht sehr ansehnliche Ordschonikidse, das mich dennoch interessiert hätte, auf das Schwarze Meer, das dann hinter den flachen Steppenwellen verschwand, die die Straße zwischen Simferopol und Feodossija säumten. Es ging zurück nach Westen.

Nichts auf dem Weg durch die sonnenbeschienene Landschaft erinnerte an die Reise, die wir in der kalten stürmischen Nacht vor werweißwievielen Tagen hinter uns gebracht hatten. Auf der Seite, wo wir gemeint hatten, hinter den windgezausten Weiden- und Akazienzweigen meerverheißende Lichter auszumachen, waren nur Berge, mal mehr, mal weniger weit von der Straße entfernt, Felder, Dörfer, Wälder, kleinere Hügel schoben sich zwischen Straße und aufsteigendes Gebirge. Auf der anderen Seite der Straße, nach Norden, lag flaches Land ausgebreitet, Steppe und Wald, gelegentlich erhob sich noch ein kahler Berg, eine versteinerte Nachhut der Riesen, die sich ans Schwarze Meer gedrängt hatten und jetzt dort standen, immer und ewig dem Wasser in gefährlicher Neigung zugewandt. Wir kamen durch Staryj Krym, das wieder Tatarenstadt war, Minarette glänzten in der Sonne, Frauen in Hijab und langen Gewändern trugen ihre Einkäufe auf dem staubigen Seitenstreifen an der Straße entlang.

An einem See standen Angler im seichten Wasser, ein paar hundert Meter weiter wurden an kleinen provisorischen Ständen Pilze und Fische gehandelt. Die vielen Tankstellen schienen ebenso ungenutzt wie in der Nacht. Schwer zu sagen, wovon die Menschen hier lebten. Man sah Leute auf Feldern arbeiten, in einem großen Obstgarten wurden Bäume beschnitten. Alte, knorrige Bäume, das Gras stand hoch. Die Krim wurde der Ukraine so spät zugeschlagen, dass Stalins Verbot des Obstbaus in der Republik sie nicht mehr hatten treffen können. Zwischen Bug und Sewerski Donezk mussten die Bäume abgeholzt werden, auf der Krim blieben sie stehen. In Bilohirsk, einer gesichtslosen Kleinstadt im Schatten eines kahlen, fast weißen Felsmassivs im Norden, drängte sich unweigerlich Oliphants Beschreibung des alten armenischen Karassu Bazaar auf, derselben Stadt, die bis 1944 nicht nach dem Weißen Berg, sondern dem Schwarzen Fluss benannt war. Nach einem der Schwarzen Flüsse auf der Krim, die als Land aus weißen und aus schwarzen Spuren, Namen, Erinnerungen erschien. Bilohirsk am Rande der fruchtbaren Krim mit ihren Schweizer- und Deutschendörfern war heute, ähnlich wie Feodossija, einer der Orte, wo sich so viele Stränge von Angst und Schrecken gekreuzt hatten, dass kaum etwas blieb als die Ahnung von Zerstörung und Abwesenheit.

Simferopol kam uns an diesem sonnigen Frühnachmittag vor wie eine Großstadt, in der jede Oberfläche – die Fassaden, der Straßenbelag, die Wände von Unterführungen, die Säulen des Bahnhofs – so hell beleuchtet war, dass die Sowjetunion durchschien und an die Oberfläche trat. Konzentrische Kreise von Vororten mit grauen Wohnblocks, niedrigen alten Häusern, unzähligen Verkehrskreiseln, auf denen wir auch jetzt wieder feststellten, dass das Schild nach Sewastopol in verwirrend verschiedene Richtungen wies, als führte jeder beliebige Weg dorthin. Wir standen im Stau und spürten, wie heiß die Sonne an diesem Nachmittag schien. Vor einem Kaufhaus, auf dem große Banner Sonderangebote versprachen, fand ein improvisiert wirkender Markt statt. Menschen feilschten um die unvermeidlichen Socken, um Toilettenartikel und Elektrogeräte. Ein kleiner Hügel Apfelsinen geriet ins Wanken, als ein alter Mann mit seiner riesigen Einkaufstasche aus Plastikgewebe daran stieß. Das allgegenwärtige Plastikgewebe, gestreift und kariert, das war die Marke Osteuropas, der Armeleutekoffer für Flucht, Einkauf, Handel und Umzug. Ein Park mit riesigen Nadelbäumen rief ein Bild von der Residenz des Peter Simon Pallas in Erinnerung, jenes Naturkundegenies aus Berlin und Verzeichners, Beschreibers, Erkunders, schlicht des Erfassers aller natürlichen Phänomene Russlands. Pallas liebte die Krim, er schrieb über Flora und Fauna, legte eine naturkundliche Vereinnahmung der Halbinsel im Namen des Russischen Reiches vor, zur Belohnung bekam er das Wohnrecht in Simferopol.

Unvermittelt fanden wir uns plötzlich vor dem mächtigen Bahnhof, wo der Nachtzug nach Kiew abfuhr. Der Bahnhofsvorplatz lag in hellem Licht, das die großspurige Treppe mit aufgesetztem Säulengang grell reflektierte. Ankömmlinge ländlichen Aussehens blickten sich suchend um und wedelten aufdringliche Taxifahrer davon. Eine Gruppe blasser, dickbäuchiger Amerikaner wurde zu einem Kleinbus geleitet, in dessen Windschutzscheibe ein Schild mit den gekrakelten Worten *Christian Travels* klemmte. Sie watschelten schnaufend und wischten sich Schweiß von der Stirn, schienen unbeeindruckt. Vielleicht sah es zu Hause ähnlich aus. Etwa in Tuscaloosa, Alabama.

Der komplizierte Erwerb der Fahrkarte erinnerte an alte Zeiten. In der Bahnhofshalle drängten sich Matrosen aus Sewastopol, manche betrunken, andere pöbelnd, ohne betrunken zu sein. M. war nervös, wie oft auf Bahnhöfen in der Fremde, wachsam, etwas furchtsam. Diese Furcht übertrug sich auf mich und die Reise, die vor uns lag, erschien mir mit einem Mal riesig und kaum zu bewältigen. Furcht mischte sich mit einem unerwarteten, panischen Wunsch, diese Gegend zu verlassen. Wir standen lange an dem einzigen Schalter an, wo man die vorbestellten und bezahlten Fahrkarten durch Vorlage eines Zettels mit der Bestätigung von Vorbestellung und Bezahlung erst ausstellen lassen musste. Alle Menschen ringsum rochen nach etwas, nach Parfum, nach Schweiß, nach Alkohol, nach Bratfett, nach langer, ununterbrochener Bewohnung ihrer Kleider, nach Nächten in schmutzigen Ecken und ohne Obdach. All diese Gerüche vermischten sich unter dem Dach der Bahnhofshalle und machten die Luft schwer. Alte Frauen bettelten dezent, ein paar Matrosen stimmten immer wieder Lieder an, grölten kurz, brachen ab, junge Männer in Sportkleidung redeten pausenlos in ihre Mobiltelefone. Der Zug aus Sewastopol war verspätet, die Reisenden auf dem Bahnsteig warteten angespannt, wohl wissend, dass das Einsteigen ein Kampfritual war, das viel Geistesgegenwart erforderte.

Das Schlafwagenabteil hatte etwas Bauernstubenhaftes an sich. Zwei breite Bänke, deren Sitzfläche man hochklappen konnte, darunter befand sich Stauraum für Gepäck. Zwischen den beiden Schlafbänken ein Tisch mit einem fleckigen Spitzendeckchen.

M. und ich saßen einander gegenüber wie in einem sehr altmodischen ländlichen Restaurant. Wie in einer fahrbaren Stube, in der auch Oliphant genächtigt haben könnte. Im Laufe der langen Reise servierte die Schaffnerin Tee in Gläsern, die in blechernen Haltern steckten, zerkratzte und verbeulte Hinweise auf silberne Vorbilder. Die Schaffnerinnen waren von ähnlicher Statur wie das Bodenpersonal bei den Inlandsflügen. Sie steckten in steifen, zugeknöpften Uniformen, verhandelten Platzwechsel, Unstimmigkeiten zwischen Passagieren, später in der Nacht auch die Rüpeleien der immer besinnungsloser betrunkenen kleinen Beamten und Geschäftsleute, die durch den Gang stolperten, mit den Türen knallten, an die Toilettentür pinkelten, wenn besetzt war.

Das Abteilfenster war trüb von Schlieren und den Ablagerungen unzähliger Regenfälle. M. wischte unentwegt über die Scheibe, um besser sehen zu können, doch der gröbste Schmutz war draußen. Der Zug fuhr sehr langsam, und wir öffneten die Fenster, altmodische Zugfenster, die man noch nach unten schieben konnte, um sich aller Warnung zum Trotz hinauszulehnen.

Der Zug passierte Orte mit Namen wie Oktjabrskoje und Krasnyj Partysan, kleine Städtchen mit grauen Wohnblockwürfeln, alten Sportplätzen, kleinen Fabriken, um deren Eingangstore Holunder wucherte. Kinder spielten auf verlassenen Werkshöfen, Männer, von struppigen Hunden gefolgt, schoben Fahrräder über Pfade längs des Bahndamms. Auch bei geöffnetem Fenster verlor sich nicht die Trübheit und Dunstigkeit des Lichts, das Graublau der Ebenen, wie wir es aus Ungarn kannten, obwohl die Flachheit dieser Landschaft hier buchstäblich endlos wirkte, als könne dem Reisenden hier jede Vorstellung eines Ziels abhandenkommen. Außerhalb der Ortschaften säumten struppige Thujabäume den Bahndamm, zerzauste Reihen dieser in Westeuropa so irrgästisch wirkenden immergrünen Verlegenheitspflanzen, die hier, am Rand von Sumpf und Steppe, natürlich wuchsen. Sie standen kreuz und quer, bräunlichgrün, sahen aus, als fahre ihnen unentwegt ein Wind zwischen die Zweige und zerre sie in alle Richtungen und bürste sie flach.

In Dschankoj war der erste längere Halt. Auf dem Bahnhof wimmelte es von Menschen, zwischen den Reisenden gingen Frauen auf und ab und priesen an, was sie zu verkaufen hatten, Trauben, Äpfel, Gebäck, Getränke. Von allen Seiten tönten die Rufe *Rybki! Rybki!*, Fischlein, Fischlein!, getrocknete und geräucherte Fische, die an Stöckchen verkauft wurden, eine Spezialität dieser Gegend am Rand des Faulen Meers. An den Waggontüren wurde verhandelt, gekostet, gekauft, Münzen klirrten, nur eine ältere Frau schritt mit ihrem Korb voller *Rybki* immer wieder an unserem Abteilfenster vorbei. Sie rief die Ware mit so klagender Stimme aus, als ginge es ihr nur um diesen Ruf und nicht um den Handel. Sie trug ein geblümtes Kopftuch und eine wattierte Jacke, war schon für eine kalte Nacht gerüstet. Ihr Ruf klang dem anfahrenden Zug noch hinterher wie die mahnende Erinnerung an Märchen, an Dunkles, an die Frau ohne Schatten.

Als der Zug wieder anfuhr, machte sich die vorabendliche Oktoberkälte bemerkbar, frierend standen wir noch eine Zeitlang am Fenster und schauten hinaus, während hinter Dschankoj die lange Fahrt durch das flache Sumpf- und Wassergebiet des unbewegten, seichten Teils des Asowschen Meers begann, das die Krim vom Festland trennt. Zu beiden Seiten des Bahndamms, nach Osten und Westen, dehnten sich stille Wasserflächen aus, durchsetzt mit Schilfstreifen, Bänken und Zungen festen Bodens, Kähne lagen im Schilf, Vögel stakten am Rand des Wassers, in dem sich die vielen Blaus des sich vom östlichen bis zum westlichen Horizont wölbenden Abendhimmels spiegelten. Ohne die reglosen senkrechten Schilfhalme hätte man beim Blick nach Osten jeden Sinn für die Richtungen, für oben und unten verlieren können.

Zwischendurch wieder Land, flach, sich zum Wasser hin auflösend, winzige Bahnhöfe, wo der Nachtzug nach Kiew nicht hielt, werweiß auf welchen Zug die wenigen Menschen warteten, die mit Taschen und Körben auf den bröckelnden Bahnsteigen standen. Dann wieder Wasser, grau bis rötlichblau von der tiefstehenden Sonne. Wie hielt sich der Bahndamm in diesem schwankenden Land? Als am nördlichen Rand des Wassers eine Front heller vielstöckiger Wohnblocks auftauchte, schien es wie eine Luftspiegelung im Vordämmer. Wir schlossen das Fenster gegen die Kälte, M. begann wieder nervös über das Glas zu wischen, bange, die Flecken und Streifen könnten ihn etwas verpassen lassen. Er eilte zwischen Gang- und Abteilfenster hin und her, zeigte auf jede kleine Gestalt, alle Gehöftchen, die sich draußen ausmachen ließen und vorbeizogen. Allem, was sich aus dieser Flachheit erhob, haftete eine jeder Zeit enthobene Einsamkeit an.

Im Westen stand die sinkende Sonne über dem Horizont, als der Zug Nowooleksiiwka erreichte. Nach allen Seiten dehnte sich hier Land, Steppe, Riesenfelder, dünne Reihen kahler Pappeln, ein Land der Leere, in dem man wie am Meer die Krümmung der Erde wahrnahm. Von Osten kam schon der Abend, dunkelblau und durch die Ritzen spürbar kalt, die Sonne wollte und wollte nicht untergehen, immer dunkler rot und schwächer am Westrand der Ebene. Frostige Luft schlug in den Zug, als die Waggontüren aufgerissen wurden, um die Ware der Bauern auf dem Bahnsteig zu begutachten, Eimer, Taschen, Körbe mit Obst, Nüssen, weißen Brotkringeln streckten sich den Reisenden entgegen, klagend und lockend wurden die Preise aufgesagt, die Früchte aufgezählt, ein Bauer mit drei Ziegen zog hinter den Verkäufern vorbei. M. hatte Hunger, ich kaufte einem alten Mann eine Tüte mit Trauben ab, klein und dickschalig, aber süß wie die Isabellatrauben an den Hängen von Koper, kaum zu glauben, wie dieses leere, bittere Land so eine Süße hervorbringen konnte. Der Zug fuhr sehr langsam weiter. Im letzten Licht des Tages sahen wir Kinder auf einem Feld Fußball spielen, in dünnen Hemdchen, aber schon mit winterlichen Ohrenklappenmützen auf dem Kopf. Eine Frau führte eine kleine Kuhherde nach Hause, die langsam ziehende Gruppe war nur noch schwarzer Umriss gegen den roten Himmel mit dem letzten Rest der Sonne, dann schwappte Dunkelheit über das Land, ohne dass wir irgendwo in dieser Weite ein Obdach für die Bäuerin mit ihren Kühen ausmachen konnten. Die Krim lag hinter uns.

Es war eine unruhige Nacht, immer wieder wachte ich auf – von den Betrunkenen, die fluchend durch den Korridor polterten, von den gelegentlich geraunzten Drohungen der Schaffnerinnen, von den rumpelnden Haltemanövern an Bahnhöfen, deren Bahnsteige lang waren, nirgendwo ein Schild mit dem Namen des Ortes trugen. M. saß und blickte hinaus, hielt Ausschau nach den ungestalten Bündeln und scheinbaren Kleiderhaufen auf den Bahnsteigen. Reisende ohne Bleibe oder ohne den richtigen Fahrschein, vielleicht nicht einmal Reisende, nur am Rande Teilhaftige der riesigen Bewegungen, des Hin und Her in diesem flachen Land. Händler, die im Morgengrauen wieder ihre *Rybki*, Brezeln, Äpfel und Samowarchen unter den Lumpen hervorziehen und in flehendem Singsang an den Zugfenster feilbieten würden. Heimatlose, Heimatsuchende, Versprengte, Verlorene. Sie alle wogten auf der Brandung von Suche, Not, Hunger. Am Rande eines Bahnsteigs, den der Zug sehr langsam, doch ohne Halt passierte, glomm, fast schon im Gestrüpp des angrenzenden Geländes, ein kleines Feuer, eigentlich nur Glut, drei Schattenwülste, aus einem ragte eine Hand, die sich über der Glut zu spreizen schien. M. drückte sein Gesicht ans Fenster, als wollte er die Szene möglichst lange im Auge behalten.

Ich träumte nur einmal. Der Traum spielte am Strand von Kurortne. Angler saßen in einer Reihe auf dem Kies. Die Literaturprofessorin stand an der Spitze der Mole, bereit zum Sprung ins Schwarze Meer. Lena ging mit einem Korb am Rand des Wassers entlang und sammelte Algen. Das Pferderudel kam den Pfad vom Sonnental herabgetrabt. Die Pferde stiegen ins Wasser, sie schwammen zu dem Klotz und kletterten hinauf, ruhig und gelassen, eines nach dem anderen. Dort standen sie im Licht der untergehenden Sonne, unberührt von dem Wunder, dass sie alle Platz und Halt fanden, und grasten auf dem verwitterten Beton. Der Horizont war eine waagerechte Linie.

Mai 2014 in Berlin. Die Krim gehört seit zwei Monaten wieder zu Russland. Auf Zeitungsbildern haben wir den Bahnhof von Simferopol gesehen, den Hafen von Feodossija, die Straße bei Staryj Krym. Und das merkwürdige Soldatendorf im Märchenwald. Alles plötzlich eine Art Kriegsschauplatz.

Wir sprechen oft über die Reise, vergleichen unsere Aufzeichnungen. Eine zweite Reise auf die Krim im September (über Odessa und Cherson) wird in der politischen Situation nicht möglich sein. Wir müssen mit dem arbeiten, was wir haben. Fotos, Tagebücher, Leselisten, Erinnerungen, Schnipsel. Ein paar Steine vom Strand des Schwarzen Meers. An einem warmen Tag, schwül, mit plötzlichen kalten Windstößen und dunklen Regenwolken, besuchen wir die Harun-Farocki-Ausstellung im Hamburger Bahnhof. »Ernste Spiele«. Es geht um Kriegssimulationen in der Ausbildung amerikanischer Soldaten. Wirklichkeit, Videospiel, Kriegsspiel. In austauschbarer Reihenfolge. In einem gesonderten Raum alte Filmarbeiten von Farocki aus den Sechzigern. »Unlöschbares Feuer«. Drahtzieher hinter den Waffen des Vietnamkriegs. Düster, bitter, witzig. Der Witz und der Schrecken, zwei Brüder.

Danach machen wir uns in der großen Buchhandlung im Museum wie immer auf die Suche nach reduzierten Büchern, kleinen Glücksfällen. Und diesmal haben wir wirklich Glück. »Krymskaja Fotomanija« von Boris Mikhailov, als Künstlerbuch unerschwinglich, gibt es hier in einer bezahlbaren Ausgabe. Wir haben die Serie zweimal in Ausstellungen gesehen, beide Male mit sehr unterschiedlichen Eindrücken. Wir haben darüber gesprochen, als wir auf der

Krim waren. Wir kannten auch anderes von Mikhailov. Die dämmrigen Kontaktstreifen der Charkower Marktaufnahmen haben mir immer am besten gefallen, doch auch die Rot-Serie, die Aufnahmen von Kinderbanden und eben diese Fotos von der Krim waren haften geblieben. Ausschnitte anderer Universen. Wenig später sitzen wir am Fahrscheinschalter im Hauptbahnhof, eine lange Wartezeit vor uns. Mindestens zwanzig Nummern werden vor uns an die Reihe kommen. Wir schlagen »Krymskaja Fotomanija« auf – und erkennen Kurortnoje. Den Karadag. Die Mole. Die Sprenginsel! Keine Pferde, aber Datschen zwischen hohen Büschen, Bäumen, Blicke durch hohes Gras zum Meer, Tretboote auf dem Wasser mit dem Karadag im Hintergrund. Magere Jungen, halbnackt, kahlgeschoren, Typ *bezprizorny*, auf der Mole, auf der Betoninsel. Nackte Sommerfrischler, heiter, unbeschwert, gegen Felsen, gegen Kiesel, Beton, Meer. Die Untergrundkultur der Sowjetunion auf Sommerurlaub, neben den Obdachlosenkindern und ausladenden Mamas in Badeanzug und Badehaube im Tretboot. Ganz neue Schichten von Kurortnoje blättern sich mit diesen unkommentierten Fotos auf. Plötzlich hat es Geschichte. Der Name des Ortes ist nirgends erwähnt, doch das war Kurortnoje/Kurortne vor 30, 40 Jahren. Ohne pastellfarbene Protzhäuser und Kitschidyllen, ohne umzäunte Siedlungen mit bewaffneten Torhütern. Ein Ort, wo Sowjethippies alternative Ferien verbrachten. In Datschen mit Leninbildern und Pritschenbetten, auf den überdachten Flächen am Strand Schatten suchend und essend, im Abendlicht auf der Mole. Im Hintergrund die Bauruine oben am Hang: *We are the best you cant expect*. Lena hatte recht, die gab es schon immer. Vielleicht hat einer der dort abgebildeten Menschen den Satz aufgesprüht: *punk is not dead*. Rätsel lösen sich, neue erscheinen.

Nachbemerkung

Dieses Buch ist anders, als es werden sollte.

Im Juli 2014 begannen wir die Arbeit des Sichtens und Sortierens der Aufzeichnungen, Notizen und Fotografien unserer Krimreise, um daraus unser erstes gemeinsames Buch zu machen. Nach kaum einer Woche in unserem Schreibexil – näher am Schwarzen Meer als an Berlin und just an jenem Tag, an dem der Flug MH17 über der Ostukraine sein tragisches Ende fand – trat bei Martin eine schlagartige Verschlimmerung seiner Erkrankung ein, von der er sich nicht mehr erholte.

In den kurzen Phasen aufflackernder Hoffnung und Kraft der folgenden Wochen sprachen wir immer wieder über das Buch. Wir machten Pläne für die Anordnung, wählten Fotografien aus, versuchten zu definieren, auf welche Weise die Grenzen zwischen unseren Schreib- und Sichtweisen formal deutlich werden sollten. Die Schachtel mit unserem gemeinsam gesammelten Material, die wir durch halb Europa geschleppt hatten, stand wie ein Versprechen in Sichtweite.

Es sollte immer ein Buch in zwei Stimmen werden, zwischen denen auch Oliphant als Beobachter und Spötter aus der Ferne seinen Platz haben würde. Unsere eigenen Rollen von Schauen, Sehen, Fragen, Erläutern, Erinnern würden sich natürlich ergeben, das wussten wir von Anfang an.

Doch in gemeinsam besprochenen Text konnten wir nichts mehr umsetzen.

Martin starb am 22. Oktober 2014.

Die braune Schachtel mit der kyrillischen Aufschrift *Na Krymu* war kein Versprechen mehr, eher eine Forderung. Entschlossen, Martins Stimme doch da einzubringen, wo sie hingehörte, machte ich mich daran, aus seinem Reisetagebuch, aus seinen Mails und Briefen an Freunde, aus den unzähligen Gedankenzetteln, mit denen seine Bücher – von Ascherson bis Rancière – für unser Vorhaben gespickt waren, einen Text zusammenzustellen, in dem sein Ton deutlich wird. Unsere Sprache war immer – fast zwanzig Jahre lang – Englisch gewesen. Das Hinüberretten seines Tons ins Deutsche war die vielleicht schwierigste Aufgabe.

Was sich in Martins Faden dieses Berichts über eine Gegend findet, ist seine Skizzenstimme. Martin war ein akribischer Ausformulierer, der jedes Wort in etlichen Abschriften von Hand etliche Male abwog. Diese Arbeit konnte niemand anders leisten, deshalb musste das Angerissene, Skizzenhafte bleiben. Doch ohne den Dialog, der sich im Miteinander beider Textfäden spiegelt, wäre nichts von diesem Buch entstanden.

Mein Dank gilt Andreas Rötzer, meinem vertrauenden Verleger, für Zuspruch, Unterstützung und vor allem den Mut zu diesem Experiment, und Angelika Klammer für ein Lektorat voll Verständnis, Klugheit und Empathie.

Berlin, Juli 2015

Alle Auszüge aus *The Russian Shores of the Black Sea* von Laurence Oliphant (Edinburgh/London 1853, Neuausgabe: Konemann UK Ltd., 1999, S. 177–191, S. 250 f., S. 160, S. 170–173, S. 192 ff., S. 182–185, S. 173 ff., S. 251 f.) wurden von Esther Kinsky aus dem Englischen übersetzt.

Die Arbeit an diesem Buch wurde ermöglicht durch die Kunststiftung NRW

KUNST
STIFTUNG
NRW

Erste Auflage, Berlin 2015

Göhrener Str. 7 | 10437 Berlin
info@matthes-seitz-berlin.de

Umschlaggestaltung und -motiv: Falk Nordmann, Berlin
Lektorat: Angelika Klammer
Typografie, Satz und Herstellung: Hermann Zanier, Berlin
Druck und Bindung: Pustet, Regensburg

ISBN 978-3-95757-143-4
www.matthes-seitz-berlin.de